獻給

____

雖然我們依然衝突不減，會用言語傷害對方

依舊會犯錯，使對方心裡難受

但我深信我們母女倆會攜手共度這些時間

漸漸結出成熟的果實

希望媽媽也能好好愛自己

엄마도 엄마를 사랑했으면 좋겠어

一封所有女兒，
都想獻給媽媽的情書

張海珠／著
尹嘉玄／譯
詹筱帆／封面繪製

suncolor
三采文化

序言

媽媽愛自己的時間

不久前，我從濟州島旅遊回來，在機場免稅店買了一支口紅送給媽。我一邊試色、一邊挑選，從琳瑯滿目的顏色當中選出一支最適合她的口紅。我看著母親對著鏡子塗抹口紅的模樣，不禁暗自感傷，心想這是多麼久違的畫面。我不停誇她：「光是塗了個口紅，氣色就變很好耶」、「我媽真的好漂亮喔」、「以後拜託塗一下口紅再出門」等……也不知道媽聽到女兒的讚美有多開心，一再向我確認：「真的嗎？有那麼漂亮？」

那天的口紅為母親帶來哪些心境上的轉變呢？她默默地說了一句：「我也該好好打理一下自己了，要多愛自己一些。」

聽聞這句話時，我靜靜看著她的臉龐。原以為會永遠如花似玉的那張臉，竟已悄悄布滿歲月的痕跡，眼周和唇周都是細紋，原本彈潤的肌膚也因肌肉流失而略顯疲態。儘管出現了這些變化，在過去的日子裡，她仍沒有花費心思在自己身上。不是因為沒有時間，也不是不曉得如何把自己打理好，而是在她的觀念裡，「媽媽要照顧好自己」這件事情本身就是一種奢侈，所以才會被她從待辦事項中刪除。我不禁納悶，媽媽能夠愛自己、好好疼惜自己的那段時間，究竟都流逝到哪裡去了？

觀察母親的人生並寫下本書的這段時光，對我來說有些難過、感傷，卻又不免感到幸福。我希望，這本書為我媽、為世上所有母親，以及和我一樣身為女兒的人，都能夠帶來一絲安慰——我是基於這種想法和心情提筆的。

但願這些文字，對於在家人框架底下生活的妳、我、我們來說——包含身為女人、母親，或者以母女之名生活在世上的所有人——可以成為獨自行走在寂寞之路的心靈慰藉。即便短暫卻能夠帶來力量的書籍，如同行走在一片漆黑的道路上雖然感到害怕擔憂，但是只要看見前方亮著一盞路燈，就會多一份安心，帶來短暫的安慰。期盼這本書能夠傳遞出如此簡單平凡的安慰，任誰讀來都能產生共鳴，或者在閱讀時發現和自身經歷的重疊而不經意流淚。

願這些文字集結成冊時，那份平凡的安慰與平安可以伴隨我的母親以及每一位讀者。我衷心期盼著。

致我的母親，以及名為母親、如花似玉的各位。

二〇二〇年四月

張海珠

1／我喜歡母親的面孔

2／日子過久了，自然就愛上了

3／母親的內心傷痛有著我的影子

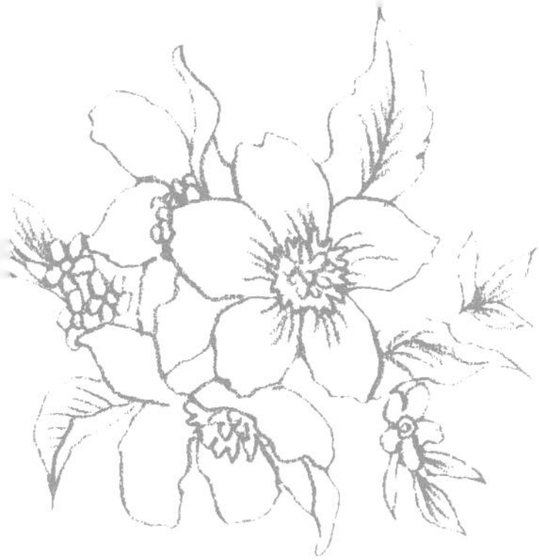

4／或許是第一次好好看著母親

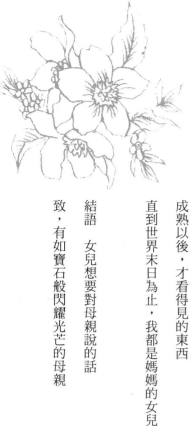

1

我喜歡母親的面孔

會抽菸的女子

假如有人問起：「妳會用什麼詞來形容母親的氣味？」坦白說，我的答案會與一般常聽到的柔和、溫暖、熱情等相差甚遠。因為我所熟悉的、母親的氣味，比較貼近於菸味。

母親是會抽菸的女子，特別喜歡坐在鄉下老家戶外陽臺抽菸。春天時，她會望著果園裡冒出的水蜜桃嫩芽抽菸；夏天時，她會迎著微風，一邊晾乾汗流浹背的身體，一邊抽菸；秋天時，她會頂著藍天抽菸；冬天時，則會欣賞著白雪紛飛抽菸，彷彿在回首過往某段記憶似的。雖然同樣都是吞雲吐霧，但隨著時節交替變換，叼著香菸的母親簡直就像一隻色彩多變的變色龍。

母親約莫是從我九歲開始抽菸。當時她才二十九歲，一夕間成了離過婚的女人。她在二十一歲、正值花開的年紀成了母親，九年後結束這段婚姻，有如性命般的一對子女也被硬生生奪走。那是她人生失去一切的瞬間——家庭、丈夫、整日擁在懷中的兩個孩子，以及本該耀眼奪目，卻因當了母親而遺失的那些青春。當時的她究竟懷抱著什麼樣的心情呢？又是依靠著什麼活下去？

可能對於平白失去的青春感到憤慨萬千，可能因為太過思念她的兩個可愛寶貝而心痛不已，也可能連續幾天為了強忍淚水而捶打大腿直至瘀青。抑或是每每想到當初那段比含苞待放的花朵還要絢麗燦爛的花樣年華被憑空奪走，就有一陣空虛感排山倒海而來。不惜奉獻一切所投入的家庭，也不知道究竟會在空中灰飛煙滅還是沒入地底。或許她只能如實感受著那份喪失之痛並深陷挫折也不一定。

母親正是從那時起學會了抽菸。她很快就熟悉香菸這玩意兒，透過吸入一口煙、抽完一包香菸，把所有憂愁徹底拋諸腦後，也順便帶走離婚女子的艱苦人生，將殘存心中的情緒碎渣清除乾淨，藉此找到安慰自己的方法。雖然偶爾回想過往，左心房會隱隱作痛，但她都會心想：幸好有學會抽菸，至少能以此作為慰藉。

不曉得這樣的時間過了多久，原本總是在懷裡玩耍的兩個孩子轉眼已經長大，母親也另組了家庭。那是她重啟人生的時刻。跨越了二十來歲的純真無邪、三十來歲的椎心刺骨、四十來歲的汲汲營營維持生計，直至五十多歲才終於找到真正的自己，並且即將邁入耳順之年。過去那段時間，母親從都市女子搖身一變，成了挖土開墾不毛之地的農婦，整日揮汗如雨，咬牙種植出比幼果還要小的果實。也就是在那時，母親換得了一身漂亮黝黑的肌膚、健康的皺紋，以及開懷的笑容。

母親至今仍未戒菸，雖然偶爾會調侃自己：「真是的，我怎麼到現在都戒不掉也離不開這玩意兒？」不過我猜，應該是因為還有一些過去尚未完全抹去吧。

時至今日，這名女子一如往常地吞雲吐霧。我默默幻想著母親與香菸說再見的日子、香菸從母親人生中徹底消失的那一刻，屆時，我相信一定是有其他東西代替香菸支撐著母親的人生。我暗自祈禱，那會是一雙巨大的無形之手，扶持母親從過去那條漆黑隧道中永遠抽身，引導她走向明亮大道的正中央。

結了兩次婚的女人

母親有一項超群絕技——「察言觀色」。單憑對方微妙的表情變化與說話口吻，她就能馬上察覺對方的身心狀態。

也許是從她再婚之後開始吧，本來就超乎常人的這項技能，又更上一層樓了。

父親從我很小的時候就不在我身邊，他的面孔在我腦海中不僅模糊，甚至淡到近乎消失。和母親同住之後，我只見過他一次，那是在我就讀國二的時候，之後就再也沒見過他。到那時為止，我這位生物學上的父親仍與過去一樣漫無目的、遊手好閒，看著這樣的他，不免令我失望，也在年幼的心裡留下不少傷害。我甚至告訴母親，此生不願再與父親相見。

雖然母親告訴我，其實父親過去對我疼愛有加，但畢竟是在我年幼的時候，所以沒有任何記憶。因此，在我的認知裡，並不曉得父愛是什麼，畢竟愛的記憶應該帶著雙向互動的良好氛圍才對。

某天，我突然多了一位父親。母親在我十七歲那年決定再婚，但萬萬沒想到局面竟會如此尷尬彆扭。畢竟我的人生中從未有過父親存在，而且對方還是和我沒有任何血緣關係的陌生人，在未經選擇、與個人意願全然無關的情況下，突然就成了我的父親。

當初母親隱約詢問我關於再婚的意見時，我只有簡短回答：

「媽，那是妳的人生。都什麼年代了，誰還會為了孩子犧牲自己的人生？這種思想太過時了。妳要是遇到好的人就應該交往看看，我不希望妳只當我媽，如果有機會當女人，要好好把握。」

然而，我作夢也沒想到，母親的再婚居然也會與我的人生有關。原本只是希望母親可以重新擁有自己的人生，最後反倒是我完全沒準備好接納生命中多出一位父親。

對於當時的我來說，我只是將兩名父親認知成母親的男人、母親的前後任丈夫而已，與我無關，跟我的現實生活也毫不相干。然而，從那時起，我與母親，以及突然成為我父親的那個男人，三方之間的戰爭就此展開。

我竭盡所能地避免與「他」接觸，在不可抗的情況下不得不見面時，便會選擇面無表情、態度冷漠，除了回答他的提問外，整日一語不發。有時，母親為了要讓我們的關係有所改善而刻意請我幫忙做事（例如，特地安排一些一定要稱呼對方的事情，像是準備用餐），我也會故意避開稱呼，用別的方式喊給她聽。

「不好意思，我媽請您來吃飯了！」

儘管我刻意以「不好意思」來稱呼，對方的回應卻毫不遜色。

「好喔~來吃飯吧！」

徹底完敗。我找不到可以贏過他的方法。他竟然若無其事地接受我如此對待他，怎麼會這樣！他當時的表情不帶一絲情緒，反而讓說出「不好意思」的我略顯難堪。

這位父親就這樣在長達十年的歲月裡，默默接受如此無禮的我。無論我的行為多麼欠揍或惹人厭，他的態度始終如一，永遠保持無動於衷的樣子。

在我展開不合作運動期間，母親被夾在再婚丈夫與青春期叛逆的女兒之間，看著彼此的臉色度過了漫長歲月。

她擔心現任丈夫討厭自己的孩子，也擔心孩子討厭現任丈夫，所以這個也看臉色、那個也看臉色，彷彿結兩次婚是犯了什麼滔天大罪似的。母親在那十年間還是沒能做自己，明明她只是再婚，又不是犯罪。

也許對於母親來說，過去的歲月早已磨成了根深蒂固的習慣。儘管如今我們早已接納彼此、住在一起成為真正的家人，母親仍會習慣性地觀察我們的臉色。有時因為一些難以說出口的情緒，壓抑許久而為此感到煩悶時，只要拿起電話打給母親，她就會馬上聽出異狀。

「妳是不是有什麼事？聲音怎麼有氣無力的？」

「哪有？我的聲音跟平時一樣啊，有什麼差別嗎……？」

「妳可是從我肚子裡蹦出來的，別想瞞過我。」

聽聞母親這麼說，我噗哧笑了出來，一方面是因為無從反駁，一方面是佩服母親寶刀未老。雖然之後過沒多久，母親的這項能力就起了一點變化。

過去那些時而讓人難過、時而令人心寒的互看臉色遊戲，可能就是為了今日更疼愛家人、撫慰家人、愛惜家人也說不定。

我媽是結過兩次婚的女人。我是結過兩次婚的女人最特別的女兒。

母親原本的樣子

一轉眼，父母歸農也將近二十年了。這段期間，母親的人生有了一百八十度大轉變。

某天，我打開母親的衣櫥，發現全是務農用的鬆垮舊衣，沒有一件適合外出，甚至都是一些很眼熟的衣物——我大學時期戴過的帽子、T恤、襯衫、褲子——明明是我整理衣櫥時淘汰掉的衣物，卻又原封不動地堆疊在母親的衣櫥裡。我順便打開鞋櫃看了一下，發現竟然一雙高跟鞋都沒有。不知多久前買給她的運動鞋，至今還擺在鞋櫃一隅。我靜靜看著母親的衣櫥和鞋櫃，回想起她以前的模樣。

母親當年的衣櫥簡直可以用華麗來形容，五顏六色的西裝褲、各式雪紡衫……我甚至從未見過母親腳踩高跟鞋以外的鞋子。不只如此，梳妝檯更是擺滿琳瑯滿目、色彩繽紛的化妝品和口紅。

在十三歲小女孩心中點燃火苗的，既不是帥氣的男子偶像團體，也不是因坐在班上人氣最高的男同學旁邊而遭受全班女同學的羨慕與嫉妒，而是看到母親準備外出時的模樣。每當我看著她坐在梳妝檯前梳化、站在衣櫥前挑選衣物時，都會莫名地心跳加快，滿心期待。

母親化妝或者梳理頭髮時，我一定會湊上前去緊挨著她坐下。「媽，為什麼要塗那個？」、「媽，為什麼要在嘴唇外圍畫線？」、「媽，為什麼妳的頭髮紅紅的？」、「為什麼要把瀏海吹那麼高？」把這些看在十三歲女孩眼裡很是神奇的行為，統統拋出來向母親提問。而母親也從未對我展現過一絲不耐，每次都很有耐心地回答所有問題。「為了讓唇形看起來更漂亮啊～」、「因為最近流行這種吹很高的瀏海啊～」、「那是因為媽媽把頭髮染成了紅色，等我們海珠長大以後，媽媽再幫妳染個漂亮的髮色喔！」

母親頂著一頭酒紅色長髮，身穿一席正裝，化上漂亮的妝容。每次只要梳妝打扮完成，必定會問我一句：「媽媽漂亮嗎？」

即使如今重溫當時記憶，印象中面帶微笑問我漂不漂亮的母親依舊美麗動人，就算天使下凡，也未必能贏過媽的美貌。截至那時止，我從未見過任何比她還要年輕貌美的母親。

然而，自從她歸農以後，一切就變了調。運動鞋取代了高跟鞋，舒適的牛仔褲與棉褲取代了正裝，酒紅髮絲之間逐漸穿插幾根白髮，馬尾也成了日常造型。因為在殘酷的現實面前，「有型」對她來說早已成為麻煩事。世上最時髦的都會媽媽，一夕之間成了刻苦耐勞的鄉下媽媽。

現在的母親能省則省，因為鄉下不同於都市，萬物皆珍貴，所以必須盡量省吃儉用。但也因為如此，許多東西都還沒用就過期，不得不汰舊換新。

某次我看見冰箱裡有面膜，拿起一看，發現竟然過期已久，定睛細瞧，還是我去年送給她的。這才讓我想起，每次在電話裡問她面膜需不需要補貨時，她總是回答：「還有，還很夠用。」原來就是指冰箱裡的這些過期面膜。正當我告訴母親這些面膜已經過期，必須丟掉、不能再使用的時候，她突然焦急地扯高嗓音：

「放著啦！夏天在田裡幹完活，回來敷一片多涼快呀！就算過期也還能用，沒任何毛病，丟掉太可惜了。妳不准動，我之後還會用到，都給我放好。」

我的天，還有什麼事情比這更荒謬？

「這是本來就該丟掉的東西，而且要捨才有得，一味節省也不見得是好事。」

不管我怎麼苦口婆心，母親還是照樣撕開過期的面膜，當著我的面敷給我看，然後打開電視，走向沙發躺平休息。其實沒有任何方法能贏過如此頑固的母親，我能做的只有暗自祈禱她用了這些面膜不會出問題。對了！她最近好像為了皺紋苦惱不已，我應該先來訂一罐蝸牛面霜才對。

儘管只是暫時，我也想把當年那個笑著問我「媽媽漂亮嗎？」的母親重新找回來，還給她。所以在往後的日子裡，我只想用最好、最漂亮、最高級的東西來彌補她。

希望媽媽也能好好愛自己

「妳買新衣服啊？身上穿的這件顏色真漂亮～」聽聞外婆這麼一說，母親毫不猶豫地回答：「漂亮嗎？要不給媽穿？妳喜歡就送妳。」

她二話不說，直接把身上的 T 恤脫下來。但那件衣服其實也是她時隔多年才下定決心買的，母親的舉動顯得有些手忙腳亂。

「媽，那不是妳才剛買的嗎？」

「妳閉上嘴巴，什麼也別說。」

母親低聲說道，並使了個眼色，示意我別多嘴。其實這種情況已經不是頭一遭了，我把想說的話硬生生吞了回去，順便調高電視音量。正當我看著電視，努力消化鬱悶心情之際，母親拿著剛洗好的抹布從廁所走了出來，開始打掃家裡。她一邊使勁擦拭地板，一邊說：

「唉，看來妳外婆真的年紀大了。她明明是容不下地板上有一根頭髮的人，結果妳看，這裡積了多少灰塵，真不可思議。照理說她不可能放著這些灰塵不理的，唉。」

母親嘴裡念念有詞，也不曉得是在打掃還是在擔心外婆。她使勁握住手裡的抹布，手腳俐索地擦拭地板和抽屜櫃。我故意假裝沒看見，雙眼緊盯電視螢幕。反正就算回應，也只會讓我愈說愈氣，最終還會面露不耐，惹她不開心。她都已經在鄉下吃那麼多苦了，難得有空北上，卻又拿著抹布打掃，然後因為外婆的一句話立刻脫下新衣。這些舉動在我看來著實讓人費解，也看不順眼。然而，這都是她的性格使然。她就是無法坐視不管或置之不理，一定要親力親為才行。

打掃完的母親瞄了牆上的時鐘一眼，發現已經到了煮飯的鐘點，便開始洗米煮飯，從冰箱裡拿出剛買回來的五花肉，將蔥絲涼拌，煮一鍋大醬湯，再切一些泡菜，備了一桌豐盛的晚餐。但在吃飯的過程中，她全程沒夾過一片肉送往自己嘴裡，只是不停地幫大家烤肉。即便我多次提議換我來烤，她也堅持不肯放手，直到家人吃到一定程度時，她才終於拿起湯匙用餐。我看著母親那個樣子，憋在心裡一整天的火球再也忍不住爆發開來。

「妳就是因為老是閒不下來才會每天喊腰疼。媽，妳要好好愛惜妳的身體，沒遇上好主人的腰，多命苦啊！」

我責怪著無辜的腰，藉此說出悶在心裡已久的逆耳忠言。

看著獨自夾著筷子用餐的母親，不知為何內心竟燃起一把無名火，而不是心疼。都已經難得北上來到外婆家了，不是應該讓疲憊不堪的身體好好放鬆休息嗎？看來對於母親來說，休息是一件難事；真不曉得對別人來說極其容易的「休息」，對她來說為何如此困難。

「雖然妳是我媽，但妳真的很奇怪。難得來了怎麼不躺著休息，一直在擦地板、煮飯，這些事情難道就不能暫時先擱著嗎？妳一定要全部攬著自己做才開心？」

最終，我沒能忍住，劈里啪啦說了出來。母親沒有多做回應，直到用餐完畢才開口說話。

「妳說我不懂得視而不見，一定要攬事情做才開心？妳媽我也是人，我也會老，有時真的很厭倦，想拋下一切，也希望天天有人幫我煮飯、洗碗、打掃。但是妳問我為什麼要做這些事？那我問妳，如果我不做，誰做？妳會做嗎？」

我頓時啞口無言。母親往往在這種時候邏輯非常清晰，誰都講不贏她。通常這種情況，能用的方法只有一種，就是如實說出我的不捨。

「還有剛才那件衣服也是！幫外婆再買一件新的不就好了，有必要直接脫下身上的給她嗎？」

母親瞅了我一眼，說：

「妳這壞丫頭，我怎麼會生出妳這種壞心眼的傢伙？是啊，媽會那樣做是有原因的，妳自己想想，外婆還能活多久？等妳自己上了年紀看看，也會像個孩子一樣為這種芝麻小事感到開心。」

在鄉下務農的母親，光是買一件T恤都會反覆思量好幾回，可以想見當初她穿上那件新衣服時有多開心。我的腦海裡浮現她那洋溢笑容的臉龐。我其實是想要問她是否真的無所謂，但是在問這句話之前，我已經成了一個壞心眼的孫女、毫不考慮母親心情的不孝女兒。瞬間，有一種啞巴吃黃連、有理說不清的委屈感湧上心頭。

「媽！我是在問妳是不是真的無所謂，怎麼就成了壞心眼又可惡的人了？還有，我現在也是在擔心我媽好嗎？」

母親看我氣得火冒三丈，突然咯咯笑了。我一臉訝異地望著母親，心想：「現在到底什麼情況？」直到笑聲停止後，她才說，我現在這個樣子簡直像極了年輕時的她。然後還補了一句：她自己現在的樣子就是外婆年輕時的樣子。

母親停下收拾餐桌的手，說了一名年輕寡婦的故事給我聽——那是外婆的故事。外婆年輕時就失去了丈夫，獨自撫養女兒，為女兒犧牲奉獻，付出自己的一切，每每看見困苦之人也無法選擇視而不見。即使自己的生活不夠寬裕，仍喜歡對鄰居慷慨解囊。

母親說外婆當年就是這樣把她拉拔長大——不惜付出一切，也會把有限的資源分享給周遭需要幫助的人——她從小看著這樣的母親長大，既然身上流著相同的血液，做出同樣的行為自然是無可厚非。

「不過，媽，我可不會像妳這樣過日子。再說了，那是外婆的故事，都已經年代久遠，現在還有誰會這樣過日子？」

母親一副不想理會我的樣子，回答：

「所以是妳奇怪啊！唉，竟然生出妳這種怪胎，我也只能認了。」

一邊搖頭，一邊收拾餐桌、清洗碗筷的母親；即便我自告奮勇搶著洗碗，仍堅持自己洗的母親；說我一旦結了婚，就算有人叫我放著別做也會有做不完的家務事，所以不要這麼早就搶著做的母親；儘管自己這樣活了一輩子，也不希望女兒過這種日子的母親。

我一語不發地望著她的背影，心想：「真希望媽媽能多愛自己一點，用疼愛我的程度來疼愛自己。希望她時刻記得母親是多麼偉大、珍貴又美麗的存在，就連在洗碗、打掃、煮飯的每一刻也是。以母之名所做的每一件事都值得備受禮遇。希望媽媽也能像這樣鼓勵自己的母親，不再認為母親本就該犧牲、奉獻或妥協，有時也要為了自己而吃最好的、用最好的。先讓自己光鮮亮麗，才能讓家人也閃耀光芒。」

盼妳不再因過去的母親都是如此、周遭的母親都這樣度日，就認為自己也應該要一樣，或者因為這些觀念而畫地自限、作繭自縛。

媽，真心希望妳也能好好愛自己。

成為母親並不是媽媽的夢想

在我就讀國、高中時，外婆經常對我說一句話：

「海珠啊，妳以後嫁給洋鬼子好了。」

洋鬼子？外婆口中的洋鬼子其實就是指白人，也就是叫我選擇國際聯姻的意思。

「可是我不想嫁給洋鬼子……我比較喜歡韓國人。」

「為什麼～妳媽以前上學的時候每天都在寫信，整天嚷嚷著說要和洋鬼子結婚呢。」

聽說外婆總是對母親耳提面命，要她好好讀書，藉此彌補自己不識字的遺憾。然而，母親並不喜歡讀書，雖然還是按照外婆的心願乖乖坐在書桌前，但就只是坐在那裡而已，實際上都在邊聽廣播邊寫信。當時母親最熱衷的事情之一，便是想著將來要和外國人結婚。

母親每晚夢想著國際聯姻，默背那些彎彎扭扭的文字，努力學習、認真寫信——和筆友來回聯繫——以現在來說，就好比寫信給自己喜歡的偶像或明星那種心情吧。總之，母親在十六歲如花的年紀，就是像這樣用花一樣的心情寫下一封又一封的信。我不禁好奇，當年那個少女在提筆寫信的時候，是懷抱著什麼樣的心情？

母親說，她在寫信時經常幻想和外國人搭飛機遠赴他國，然後在風平浪靜的美麗海邊舉行婚禮。她當時的夢想不是一般人夢寐以求的護士、教職員、公務員或了不起的財閥，而是想找個身高高、肌膚白皙、瞳孔泛著祖母綠與蔚藍海洋色，總是用溫暖笑容望著母親，在一起時因為舒服自在而老是讓人想要依靠的男人。她想跟這樣的男人共組幸福家庭，誕下愛的結晶，生一名遺傳到父母基因各半的孩子，一同撫養孩子長大，再一同老去。當時，母親只是胸無大志、擁有樸實夢想的少女。

光是書信往來，就足以讓母親害羞得滿臉通紅，在拆開當天抵達的信件之前，也會因為心跳加快而需要深呼吸好幾回，才能夠小心翼翼地拆開信封。她會緩緩閱讀信中的字句，開心得花枝亂顫，還會用手指輕撫那些字句。母親就這樣默默孕育了一份可以獨自珍藏於心的夢想，轉眼來到了十七、八歲，再到十九、二十。那些年，有如花苞綻放般，母親這朵花也正值花開時節，瀰漫芬芳。

也是在那個時期，母親遇見了一名男子，與他共結連理。但是她真正的婚姻與她當初夢想的婚姻完全背道而馳。從十六歲那年起，她便和一名典型的韓國男子交往，而不是心心念念的那種理想男人；最後也是在密閉式婚宴會館裡舉行婚禮，而不是她夢寐以求的開放式海灘婚禮。母親的夢想宛如沙堡，被無情的海浪沖走，不堪一擊，消失無蹤，讓人不禁懷疑這份夢想是否真的存在過。就這樣，母親一頭栽進了艱苦的求生現場。

少女一夕之間成了男人的妻子、兩名孩子的母親、某個家庭的媳婦，不再有羞澀作夢的本錢。就這樣年復一年、過了十年左右，只剩下一名沒有夢想、失去當下、不知該靠什麼維生的女人，被獨留在人生這片汪洋大海當中。

在她尚未真正作夢、嘗試去為夢想做點什麼以前，就賭上了自己的人生。為了熬過那段悽慘歲月，她在毫無自我的時間裡，獨自忍受著空虛寂寞、悲傷憂愁。據說當時的她根本忘記自己原本喜歡什麼、會因什麼而歡笑或流淚，以及該做什麼事情。對於失去一切的她來說，只剩下以母親身分度過的那些時光。然而，母親說自己已經很幸運了。要是連那段時光都不存在，她可能真的會沒有活下去的動力，甚至懷疑人生只是白忙一場。

直到某天，她才終於明白，當孩子們重回她的懷抱，當她看著他們與別人展開新的人生，她的夢想改變了。

其實成為母親並非媽媽最初的夢想，她也不是一開始就一股腦地把自己的人生託付給某個人。經歷迷惘時期，走到最後剩下的，是至今還在身邊的兩個孩子、痛苦時願意傾聽的丈夫，以及全然用愛接納她的老母親。守護如此寶貴的家庭，才是她的夢想。對於已屆中年卻依舊有時間作夢的自己，她感到無比幸運。

其實母親至今仍留有當年愛作夢的十六歲少女氣息，但因為彌足珍貴又十分脆弱，感覺一擁抱就會支離破碎。

/

媽，從今以後，我希望妳不再作別人的夢，不再認為自己的夢想已經半途而廢、為時已晚，或因覺得不可能實現而選擇放棄。願妳可以放膽去作專屬於妳的美夢，一步一步實現它。我會永遠支持妳的夢想。

愛妳。

我喜歡母親的臉

現在這個時代，可以隨時看看想念的人是一件很幸運的事。儘管無法與對方實際碰面，但時時刻刻都能透過手機、平板、電腦或各種網路裝置，與思念已久的人面對面，多少還是可以撫慰一下牽掛之情。

我記憶中的母親，從小媳婦般稚嫩的臉龐，到年近三十五的臉龐，再到如今的樣貌都有。唯獨她三十～三十五歲這幾年的面孔，我已失去印象。

我滿九歲那年，剛好是一九九〇年代初期。隨著父母辦理離婚手續以後，我與弟弟便被送往位於慶尚北道醴泉的爺爺奶奶家——可謂是鄉下中的超級鄉下，極其荒涼。印象中，那是一間破舊不堪的傳統韓屋，用塗著黃土色的泥土牆和屋瓦堆砌而成，感覺隨時都會倒塌，廁所也是超級簡陋的茅坑，盥洗時甚至要先用手壓泵浦另外汲水才行。更難以置信的是，煮飯時要在爐灶下燒柴火，用大鐵鍋燒菜，然後家裡竟然沒有冰箱！如今回想起來，就是個讓人感覺彷彿回到朝鮮時代的房子。

每晚，我都因為太想念母親，在這間房子裡暗自哭泣。我討厭悶臭的棉被味，也討厭不知道多久以前吃過的乾癟泡菜、受潮變軟的海苔、混著滿滿雜穀的米飯……雜亂無章的餐桌也教人反感。我很想念母親，想念她幫我洗淨棉被後，鬆軟棉被飄散出來的陣陣香氣，也想念煎得漂亮可口的蛋捲、鬆軟的白米飯、擺放得井然有序的碗盤、整潔優雅的餐桌。我每晚輾轉難眠，一直有種不祥的預感，覺得自己會一輩子見不到母親。當時我年僅九歲，每當深夜降臨，就會有股死亡般的恐懼感席捲而來，不停折磨我的心靈。

就這樣過了幾個月，某天，我邊看電視邊吃晚餐，電視裡播著類似《歌謠大戰》的歌唱比賽節目。幾名演歌歌手輪番展現了他們的好歌喉以後，我看著接下來登臺的那位歌手，突然胸口一陣悶痛，感到窒息。

是媽媽，是我的母親。那名歌手絕對是我的母親沒有錯。

四目相交的眼神～到底說了些什麼，我還搞不清楚，真的不知道，只知道心臟在怦怦跳～

主持人在介紹母親出場時，是以「周炫美」來稱呼她——周、炫、美。如今回想起來，母親當時的確和歌手周炫美長得十分相似，若說是她的分身都不為過。

自此之後，我便天天在同一時間把電視轉到該頻道，彷彿這樣就能見到母親。那份期待感，對於當時的我來說，是難以言喻的安慰。然而，事實上，能夠看見周炫美小姐的時間少之又少，因為她的臉並不總是在我觀看的時候出現。

如果電視機裡出現我，那該有多好～該有多好～

每當我想念母親時，都會把這首童謠歌詞改編哼唱。

如果電視機裡出現媽媽，那該有多好～該有多好～

我反覆哼唱，直到找回內心的平靜，對母親焦急的思念暫緩為止。

唱著唱著，也自然產生了某種沒來由的信念，彷彿母親真的會回到我身邊，喊著我的名字走進庭院。這種信念的力量，即便有人說月亮是四方形，我也會深信不疑。於是，這首童謠就成了我的愛唱曲目。每當我瘋狂思念母親時就會哼唱，每當我想逃出那個鳥不生蛋的鄉下地方、覺得不如住進孤兒院時也會哼唱，感冒發燒快死掉時也唱，遇到可怕的大哥哥要欺負弱小無力的我和弟弟時也唱。就這樣唱了又唱、唱了又唱，只要唱得越大聲，就會感覺好像被母親擁在懷中。

有時，我的朋友會誇自己的母親年紀愈大愈漂亮，或者像金喜愛一樣漂亮。然而，我更喜歡我媽的大眾臉。不到美若天仙，也不至於奇醜無比，就只是一張沒什麼記憶點的平凡臉蛋。我很喜歡母親的臉，因為對於那個時期的我來說，這張面孔就是我的全世界。對於九歲的小女孩來說，透過某個長得像媽媽的面孔，可以讓自己不忘母親的臉。

我愛她那張不怎麼特別的臉。

我很喜歡母親的臉，

不到美若天仙，

也不至於奇醜無比，

就只是一張沒什麼記憶點的平凡臉蛋。

我愛她那張不怎麼特別的臉。

以母之名

母親的好友當中，有一位名叫潤慈的阿姨，她經常說：

「妳媽啊，也是到了現在才變得那麼堅強，在你們小時候可不是這樣，整天哭哭啼啼的。我只要說她兩句，她就馬上淚眼汪汪，搞得好像我是壞人一樣，而且不是只有一兩次。」

潤慈阿姨表示，我媽年輕剛新婚時，綽號就叫愛哭鬼。明明不是什麼大事，只要被人念幾句，就會馬上一臉委屈的樣子，瞬間掉出豆大的淚珠。

那些只有見過母親堅強、爽朗、坦率面的人，應該很難想像過去的母親其實是個愛哭鬼吧！再加上母親是個挺會撒嬌的女人，經常把周遭的人逗得開懷大笑，因此，就連平日和母親頗為親近的人聽聞她過去是個愛哭鬼，也都會紛紛驚訝地表示：

「怎麼可能？確定是大嫂嗎？」

「姊，妳可別說笑了。」

「妳以前很愛哭？」

然而，其實我的母親一點都不強悍。她重感情，經常為人際關係所苦；她淚腺發達，動不動就哭成淚人兒；她情感豐沛，光看一集連續劇就會對好幾個場景產生共鳴、眼眶泛淚——這就是我的母親，天生就不是個心狠手辣的角色。聽聞有人生病，她會比誰都還要焦急，看待人類和動物的視角也無比溫暖，但凡任何人或動物前來拜訪，母親就一定不會讓他們空手而歸。

在父母生活的鄉下家裡，不僅養著兩隻體型壯碩的狗，還有十隻貓。其實我們家會變成貓咪大富翁，都要多虧母親對動物無微不至的愛。她好像總認為無法說話的動物很可憐之類的。

某個炎炎夏日，我在鄉下家裡寫作，正投入的時候，外頭突然傳來喵叫聲。我從客廳窗戶往外看，發現一隻流浪貓在院子裡徘徊，哭聲聽起來很是淒涼，教人同情。

「怎麼有貓在哭？哎呀！牠應該是肚子餓了。」

母親連忙走進廚房，將早上吃剩的冷飯和魚肉放進小碗裡攪拌均勻，拿到院子裡給小貓吃。只能說這隻貓簡直中了樂透。

「小貓咪～來這邊，給你吃飯喔！你是不是肚子太餓所以來我們家啊？」

母親把碗放在小貓身邊，後退幾步，好讓牠解除警戒安心吃飯。母親與小貓之間維持了一陣短暫的緊張感，就這樣過了幾分鐘，小貓似乎已經感到有些安心，一步步緩緩走向母親給牠的食物，低頭邊吃邊發出咀嚼的聲音，吃得津津有味。母親用充滿愛意的眼神看著貓咪進食，在一旁不停說著：

「哎唷，餓壞了吧？多吃一點喔～要是在外面流浪久了，肚子餓的話記得再回來喔～」

小貓吃完飯就一溜煙地跑走了。

隔天，院子裡又再度傳來喵叫聲。我探頭一看，發現是昨天被母親餵食的那隻小貓。「肚子餓的話記得再回來喔～」難道是有聽懂昨天母親說的這句話嗎？這次牠帶了其他貓咪夥伴一起來我們家。

母親像是等待已久似的，連忙準備食物拿到院子裡。就這樣一天、兩天、三天、四天……那些貓咪為了食物天天報到，父親後來甚至在院子裡蓋了一間供他們留宿的小房子。我看著這對老夫妻，默默在背後偷笑，因為我知道，母親不是會乖乖聽勸而停下的人。因此，我們家現在住著十一隻貓咪，剩飯已不足以餵養，只好購買貓飼料。放飯時間一到，就會看到十一隻貓咪同時喵喵叫的奇景。

原本的母親，柔軟得連動物都能輕易收服，但自從離了婚，她的性格就有了明顯的變化。因為她知道，軟弱的離婚女子，是有心人士的絕佳獵物。

母親曾和一名摯交合夥做生意，沒想到竟慘遭友人背叛，必須獨自承接所有債務，落魄地靠自己東山再起，不得不堅強。她不再以淚洗面，轉而拚命地賣啤酒，多賣一杯是一杯。某次遇到想喝霸王酒的壯碩男子，她毫不畏懼地追上去索討餐酒費用，甚至展開肢體衝突。男子在拉扯之下依舊想要賴帳，她便死命緊抓對方的褲腰，不讓他溜走，結果因為對方用力反折她的手指，導致母親指骨斷裂。每當她碰上那種衰事纏身的日子，就會更加鐵了心咬緊牙關，因為家裡有需要撫養的兒女，還有一位照顧著這對兒女的老母親。

於是不知不覺間，母親逐漸變成必須守護家人的一家之主，以及需要對幼崽負責的母親。就在她最貌美的年紀，把一生中唯一被允許以「女人」身分活著的時間徹底拋棄，緊盯前方馬不停蹄地奔跑；因為她必須挺住，才有辦法守護一切。在她不得不將少女情懷隱藏起來的歲月裡，母親默默承受著生活的苦難，並且鍛鍊、磨練自己。每當崩潰到想要放棄的時候，就會藉一杯燒酒獲得安慰，告訴自己繼續好好活下去。就這樣，母親從女人蛻變成堅強的母親。

有時，新結識的朋友看母親豪爽的性格會說她「帥炸了」，但其實母親的內心存在極為柔軟的面貌。

從她那雞婆的個性——會用溫暖的眼神看待一群肚子餓了、喵喵叫的不速之客；有人來訪時會連忙端出一桌熱騰騰的菜色招待對方；縱使自己吃虧受苦，也絕不忍心看別人辛苦——可以感受到母親特有的極致真誠。

我的母親一點也不強悍。她偶爾也想要依偎在丈夫的肩膀上小憩片刻，看到漂亮的高跟鞋或洋裝會感到興奮不已，聽到丈夫誇她漂亮便會自動揚起嘴角、洋溢笑容。她其實是世界上最普通也最平凡的女人。

我的母親一點也不強悍。

她偶爾也想要依偎在

丈夫的肩膀上小憩片刻，

看到漂亮的高跟鞋或洋裝會感到興奮不已，

聽到丈夫誇她漂亮

便會自動揚起嘴角、洋溢笑容。

她其實是世界上最普通也最平凡的女人。

世上最寶貴的雙手

我的老師同時經營著出版社和咖啡廳，最近尤其因為咖啡廳的事情而忙碌奔波。她前一天要先到賣場買菜，當天一大清早再到咖啡廳上班，親手製作三明治、接待客人、為客人點餐、製作飲料……一整天下來雙手永遠都是溼答答的，就算有護手霜，也無法塗抹在那雙需要不斷製作三明治和飲料的手上。而且，如果整天都要碰水、洗碗，塗上滑溜的護手霜根本沒用。老師往往都要等到一天結束後，才會發現雙手變得乾燥粗糙，趕緊補擦護手霜。看她這個樣子，不禁讓我想起了母親的雙手。

母親的手著實難看，到處都有厚厚的繭，手心手背都粗粗的，跟砂紙沒兩樣。我從未見過她塗抹護手霜，就跟我的老師一樣，因為忙著在田裡運用雙手而疏於保養。

母親每次只要北上首爾，就一定會去某間理髮廳報到，改變一下髮型，順便轉換心情。某一次，和母親閒聊許久、有說有笑的理髮廳店長瞥見母親的手，說道：

「天啊！妳的手怎麼變成這樣（再看看自己的手）怎麼能比我這做美髮業的手還誇張～」

此話一出，母親連忙確認自己的手，似乎感到有些錯愕，語帶含糊地回答：「畢竟住在鄉下嘛……都會這樣……」

母親尷尬地笑著，不停搓揉雙手，有別於平時總是充滿自信的樣子。那是我第一次看見母親如此慌張。能夠瞬間制伏母親的，竟然是她自己的雙手。也許她是覺得那雙手代表了她現在的人生，不想被人發現也說不定。我可以明顯感覺到店長脫口而出的一句無心話，使母親的自信與坦蕩瞬間跌落谷底。

回家的路上，我默默牽起了母親的手——溫暖、親切又重感情的手。母親望著我，臉上揚起了笑容。那天，我牽著她的手，驕傲地搖晃著，在市區逛了一圈才回家。

母親就是靠著那雙粗糙長繭的手，拉拔孩子們長大。日復一日，年復一年，不停用那雙宛如砂紙的手，創造出無數果實，準備一頓又一頓美味熱騰騰的餐點，維持家中整潔。當我們偶爾遭遇困難或挫折，她便會用那雙手來擁抱或輕撫我們的背。

母親的那雙手——充滿艱辛與坎坷的手——是這世界上最寶貴的事物。

身為母親，偶爾會感到無力

母親：「女兒，我現在正準備過去，能見妳一面嗎？」

我：「當然可以啊！」

母親：「這麼難得？那妳請我吃點好吃的吧！」

看到母親傳來的簡訊，叫我請她吃點好吃的東西時，頓時覺得心裡一陣堵塞。這是母親第一次叫我請客，難道是有什麼事？我擔心得直接打電話給她。

「女兒～怎麼啦？」

母親的嗓音聽起來和平常不太一樣，有些低沉的感覺。

「媽，有什麼事嗎？」

接著是一陣短暫的沉默。我透過那段沉默，察覺到母親一定發生了什麼事。

「怎麼啦？有什麼事情讓妳難過嗎？」

母親努力保持淡定，回答：

「沒有啦，就只是覺得一切都好煩、好討厭。討厭妳爸、妳外婆，孩子們都大了沒用了，想自己一個人去遙遠的地方走走，結果發現無處可去……總之想要先出去走走、透透氣，所以才會北上。先不要告訴妳外婆喔，我這次不會去見她。」

在丈夫、母親、小孩都不管用的時候，媽最終想找的仍是女兒。兩三個小時後，我和母親在某間啤酒屋裡相對而坐。她看起來怒火中燒，眉頭緊蹙，一連喝下好幾杯啤酒，攔都攔不住。

「妳爸要是沒有我，什麼事都不會做，然後再看看妳外婆，每次都拿我當出氣筒。你們也是，就算工作再怎麼忙（伸手張開五指）手指頭是斷了嗎？怎麼能連一通電話都沒有，對我完全不聞不問？」

母親似乎感到有些委屈、憤怒、心寒，開始將這些情緒如洪水般一口氣宣洩而出，也不曉得到底是累積了多久。我默默聆聽母親的苦水，問她：

「這位女士，到底是什麼事情讓妳生這麼大的氣啊？」

母親本想回答，卻又閉口不語。我看著她，說：

「爸爸沒有妳就什麼事都不會做，這是妳造成的，至於外婆……其實妳有時候也會拿我當出氣筒啊。然後孩子們忙著工作……這又不是不關心妳，而是真的忙到連去廁所的時間都沒有欸。」

母親聽我這麼一說，反而用更激動的嗓音怒罵：

「欸！妳以為我不知道嗎？就是因為都知道，才更生氣。妳以為我是要來聽妳說教的喔？就算妳不說我也清楚得很，所以才更火大，懂嗎？唉，你們幾個都一樣啦！」

原來如此。聽聞母親說「妳以為我是要來聽妳說教的喔」我才明白，她並非在對這些礙眼的情況生氣，而是因為自己已經無法主宰人生而氣憤難平。她說出來是希望我能夠同理她、讀懂她的心情——母親對於自己置身的位置突然感到厭煩。

母親說，前天，她在田裡工作到一半，因為太累所以坐著小憩片刻，卻突然對自己的樣子感到好赤裸——長滿繭的手、腫脹的小腿、被烈日曬得粗糙的皮膚與頭髮等等。明明是咬著牙、拚了老命在務農，卻不知目的為何，不曉得要做到什麼時候，走到這條路的盡頭會帶來什麼，自己在這裡的意義又是什麼……總之，這些莫名其妙的感受突然鑽進母親的內心深處。

她說自己沒有什麼特別的理由，也不是因為某件事而感到失望或難過，就只是對那樣的自己有點生氣而已，還真不曉得為什麼突然會有這些感受。對於母親來說，那天就只是個「諸事不順」的日子。對自己的角色感到壓力的那種日子，即使努力壓抑也忍不住的那種日子，只想到處找人傾訴的那種日子。所以如果不找個人來訴說，就會難以找回平靜。

那天，我發現，原來母親也會有想要放下一切、依靠他人的時候，原來母親不是理所當然會永遠在我身邊。說不定在這種日子，母親根本不想當誰的媽媽、妻子、女兒，而是想當自己。只要一天也好，可以擺脫人妻的外表，放下那些永遠不把母親排第一順位、整天讓她們獨自追隨、令人又愛又恨的孩子們，然後暫時離開愛瞎操心的老母親，讓自己好好喘口氣、放鬆休息。

也許母親需要的，是不受任何人干涉，專屬於自己的一段時光。

2

日子過久了，自然就愛上了

溫暖的、那個女人的名字

雖說世上沒有人喜歡吃虧，但我的母親有時就是這種人，總是自己吃虧、被人騙、遭人背叛，然後儘管在事發當下會感到心寒，過沒幾天又會重新振作，像沒發生過任何事似的，也不曉得是真沒事還是裝沒事。每當我猜不透她的心思時，她都會對我說：

「有句話是這麼說的，要多送一塊年糕給討厭鬼。」

不僅如此，就連我和別人起了較大的衝突、對母親抱怨東抱怨西的時候，她也總是對我耳提面命：

「要多送一塊年糕給討厭鬼。」

這道理誰不曉得？但就是打從心底無法認同啊！

母親對她身邊的人非常好，老是忙著把好的東西、吃的東西、只要是能分享的東西都送給別人。彷彿伺機已久，不分送給別人就渾身難受似的。我買來送給爸媽，並再三叮囑只能他們倆使用的昂貴乳霜，最終也被借給別人輪流使用；母親費盡千辛萬苦醃製的手工泡菜，也四處分送給全村的人；隔壁鄰居阿姨只要說想吃母親醃的蘿蔔葉泡菜，她就會二話不說開始行動。明明是醃給別人吃的，又不是自己要吃，她卻喜孜孜的，也不曉得是在開心什麼。每當我看見那樣的母親，就會不禁心想，這真的是她與生俱來的天性，要是不讓她做，可能還會悶出一身病來。

我回想起外婆與母親——母女之間——的故事，發現母親這樣的真性情應該是遺傳自外婆，因為她從小就是看著外婆樂於分享的無私情懷長大。

據說當年外婆獨自撫養母親，在經濟條件也稱不上好的情況下，仍無法對那些生活更為艱困的人視而不見。走在路上看見流落街頭的乞丐，她甚至會把對方帶回家中，幫他們洗澡、更衣，親手備一桌菜，讓他們吃飽了才離開。聽說母親當年十分排斥外婆的行徑；畢竟是把渾身發臭的乞丐帶回和女兒同住的小套房裡，不僅讓人更衣洗澡，甚至還招待用餐，她當時想破腦袋都無法理解。除此之外，外婆在員工餐廳工作時也是，只要遇到沒錢吃飯的員工，她就會免費供餐，不收取餐費。擔任銀行清潔員時也是，碰上經濟條件較差、沒錢買便當的年輕人，便會直接把自己的便當送給對方。還有在某年寒冬，外婆最小的弟弟遭人討債，身無分文，跑來找姊姊求助，外婆看他可憐，就把前幾天剛買、自己也只有一件的羽絨外套脫了下來，套在弟弟身上送給他穿。因此，周遭的人幫外婆取了個綽號：「絲綢心腸劉媽媽」。

這位擁有絲綢心腸的劉媽媽，最常掛在嘴邊的一句話便是「要多送一塊年糕給討厭鬼」。母親就讀國中時，被班上同學惹得不開心，鬱鬱寡歡地回到家向外婆訴苦，沒想到外婆不僅沒有安慰女兒，還勸她要多送一塊年糕給討厭的傢伙。母親聽聞這句話，心情更差了，情緒激動地哭喊著：「幹嘛要多送一塊年糕給討厭鬼！應該要連他本來在吃的那塊年糕都搶過來才對！」外婆當時一把將母親擁入懷裡，對她說：

「熙婷，妳是不是不能理解為什麼要多給討厭鬼一塊年糕？要不要聽聽看媽媽怎麼說？」

外婆開始訴說自己過去擔任銀行清潔工時遇到的主管。該名主管老是想盡辦法欺負外婆，對她百般折磨，還用酸言酸語攻擊她，彷彿會變成寡婦都是外婆的錯似的，對她做的每一件事情百般挑剔、沒事找碴。然而，外婆從未對他蹙過一次眉，反而更積極地迎合他——吃到美食會主動打包一份給他；巧遇時會主動幫忙泡咖啡。

某天，該名主管不幸遭銀行解僱。正當他向同事們一一道別時，他看見了外婆，一把握住她的雙手，淚眼婆娑地說：

「阿姨，我之前對您那麼壞，您卻還是對我非常好，對不起，也謝謝您。」

主管在外婆面前頻頻鞠躬道歉。年幼的母親聽聞這段親身經歷以後，便擦乾了眼淚。爾後就算有人欺負母親，她也不會難過太久，可以輕輕放下。母親說，她就是在那時領悟到如何從人的角度去純粹愛其他人，也了解到如何用更同理的角度去看待他們。

母親至今依舊容易遭人利用，也因為重情重義而喜愛與人分享，但也依然容易遭人背叛。每每遇到這種情況，她都會氣到徹夜難眠，接著又會告訴自己：「算了，人之常情，有時候他們只是不得不這麼做，我可以理解。討人厭的傢伙，好吧，就多賞你一塊年糕吧！」然後重新打起精神。像這樣占過母親便宜的人究竟有多少呢？不得而知。母親將自己擁有的一切都給了別人，卻仍面帶微笑。我看著母親的臉，心想那些占過她便宜的人是否會了解母親的心意。但後來想想，他們不了解好像也無所謂。

就算被眾人遺忘，我也會牢記在心——帶著溫度的那三個字：

李、熙、婷。

日子過著過著就愛上了

每次結束一段戀情，我都會舉辦一場盛大的「告別式」，讓自己沉浸在失去與憂傷的情緒當中，每晚與罐裝啤酒為伍，哭得一把鼻涕一把眼淚。頹廢沮喪的日子接連過上幾天之後，我就會對自己這種可憐兮兮的樣子感到厭煩，然後按慣例像逃難似地倉促南下，回到位於尚州市的老家。一路上我會不停想像，母親溫暖上前迎接哭到肝腸寸斷的女兒。

然而，大多時候都僅止於想像而已。實際上母親對我的戀情一點也不感興趣。要是純粹不感興趣倒也還好，可她偏偏又很喜歡在我失戀時補上一刀：

「妳怎麼這麼沒有好男人緣？算了，我看妳不是沒緣分，而是根本沒有看男人的眼光。（嘆氣）」

果然，不該來的。我不是為了聽這些話而專程回老家的。我也知道，我看男人的眼光確實不佳，所以每當面臨這種會讓自己悲慘落魄的情形時，都會恨不得鑽進老鼠洞，或者把鼻子摁在盛滿水的小碟子裡，直到這些情緒消化完畢再出來見人。

雖然我也想過要不要乾脆收拾行李重回首爾，但還是努力忍住內心衝動，躲回棉被裡，用被子蒙住頭哭泣。不久後，母親打開我的房門，若無其事地說：

「起來吃飯嘍！」

吃飯？這個節骨眼竟然要我吃飯？我不禁心想：

「我媽真的有深深愛過一個人嗎？」

母親看我帶著一雙明顯紅腫的雙眼，坐在餐桌前毫無靈魂地咀嚼食物，催促著說：

「快吃啦！不要一副心不甘情不願的樣子，不過是和一個臭小子分手而已，有什麼好哭的，還把眼睛都哭到睜不開。」

母親說的話變成一把又一把鋒利的刀子刺向我。我打開冰箱門，取出一罐罐裝啤酒，打開易拉罐拉環，將透心涼的啤酒一飲而盡。我努力壓抑湧上心頭的怒火，問母親：

「媽，妳有真心愛過一個人嗎？」

母親握餐具的手停頓了一下，隨即淡定地一邊用湯匙吃飯，一邊說：

「沒有，我沒有這方面的經驗，從未愛過人，也從未被愛過。」

「那妳為什麼要和現在的丈夫一起生活？」

「這個嘛……」

母親撇過頭，看了一下正在果園裡工作的父親，回答：

「一起生活久了，自然就愛上了。」

在我記憶中，母親的一天總是忙碌的。從凌晨開始送報紙、送鮮乳，剩餘的鮮乳還會特別留下來給當時年幼的我和弟弟喝。這些事做完以後，她就會在家裡做家庭代工，將布娃娃貼上眼睛或者摺紙花，弄到十指都乾裂。這就是我記憶中的、母親的一天。

母親的前夫是個無能的男人，結縭十年，幾乎從未認真從事過一份工作，經常三天打魚兩天曬網，上班六個月就會休息一年。因此，養家餬口的重擔自然就落到了母親肩上，直到她對這樣的生活感到疲乏厭倦才提議離婚，然後遇見了現任丈夫。

母親的現任丈夫是個沉默寡言、一心只想著工作的男人，不僅滴酒不沾，連一句笑話也不會說。母親在這名男子向她告白求婚的那天牽起了他的手，心想：如果是這個男人，應該不會讓家人餓死。畢竟母親內心有著無能前夫所留下來的陰影，於是打從離婚那天起，母親就下定決心，假如往後還有機會找對象，一定要找一個生活能力很強的男人。

母親選擇了生活能力強的男人，而不是更疼愛她的男人，然後轉眼間也和這名男子生活了二十年。

她透過媒人介紹認識了前夫，在連讓愛意萌芽的時間都沒有的情況下倉促結了婚，然後離了婚。為了在不知何時會重逢的孩子面前展現出自己是有能力的母親，她日以繼夜地勤奮工作，最後遇到了一名男子。

當時的她認為，談情說愛對自己來說已是奢侈，只要對方是個不會讓家人沒飯吃的稱職家長即可。這便是母親一路走來的婚姻故事。

母親說她是日子過著過著就愛上了現在的丈夫。生活久了才發現，原來這個人的這些部分滿好的，那些方面也不錯，有時也懂得如何讓人感動。不錯，不錯，這人真不錯，是個愈看愈不錯的男人，所以就「不知不覺」地愛了。

原來不是只有轟轟烈烈的戀愛才叫愛。原來母親一直以來都不曉得的愛的旅程，正在和現任丈夫一同緩緩前行。原來我的母親是這樣成為被人疼愛的女人。

我和母親相對而坐，喝著一口接一口的啤酒，聽著母親的人生故事。不知不覺間，我的分手症候群也就消失無蹤了。然後那天，母親在我眼裡的模樣，簡直是世界上最寶貝、最美麗的女人。

我看著那樣的她，暗自在心中呼喊：

「為母親接下來的愛情，乾杯！」

傷痛化成花

世上存在著無數種傷痛——在某人不經意脫口而出的話裡、在心愛的人沒有為我多做著想時、在為宛如仇人般的金錢所苦惱時、在厭倦人際關係時、在覺得自己老是被這世界忽略而變得愈漸渺小時……

我的母親亦是如此，她的傷痛尤其來自身為女兒的我。該怎麼說呢，是因為她老是對我有一種莫名的期待心理吧……母親心中的大小傷痛，總是與我有關。

母親在傷痛面前是十分脆弱的，因為別人一眼就能識破她。只要是對她足以構成傷害的事情，兩行眼淚就會先自動流下，也不曉得她怎麼會有那麼多眼淚。

有時，就算遇到足以讓我擠出眼淚和鼻水的事情，我也會努力壓抑隱忍自己的情緒。因為我實在太討厭母親愛哭的樣子，不想變得像她那樣。況且，我對哭這件事情實在很感冒，看到愛哭的母親便會怒火中燒，所以就算有些事情很值得哭，我也會選擇強忍淚水。

我實在很討厭母親的眼淚。動不動就潸然淚下的母親、說沒幾句話就已經眼眶泛淚的母親，那雙眼睛，我是真的不喜歡。

關於母親的傷痛，其實有幾段不為人知的故事，尤其是不得不拆散我和弟弟的過往，在母親心中是極大的傷痛。偶爾家人團聚時，吃完晚餐會小酌兩杯，其中一次，家人難得一起吃頓飯，幾杯燒酒黃湯下肚的母親突然提起了往事：

「我都沒能為你們做什麼……我身為孩子的媽，卻只有這副德性……」

接著就開始痛哭流涕，實在令人難以捉摸，因為沒有人曉得究竟哭點是什麼。

那些已成往事的、該死的過去，可以的話超級想要刪除的過往傷痛，為什麼母親非要自揭傷疤不可？回首過往難道能扭轉什麼嗎？能回到當初，重新修正錯誤嗎？能把過去消除嗎？

我實在聽不下去，最終只好板著一張臉說：

「媽，拜託停止，為什麼又要提起往事？說了又能改變什麼？」

母親含淚看著我。

「等妳以後當了媽就知道。妳這冷血無情的女人，像冰山一樣讓人不寒而慄。」

母親的傷痛故事到這邊就差不多結束，然後又會展開第二回合，以說女兒的壞話作為起始。感覺她一直擁抱著完整的過往傷痛度日。

其實母親說的那句「冷血無情、像冰山一樣讓人不寒而慄」，某方面而言是語帶暗示。不知從何時起，她很喜歡在我面前述說隔壁鄰居家女兒的事情。

「隔壁的女兒每個週末都會和男朋友一起回來，幫她媽媽做事情，陪她媽媽聊天……」

每當聽見這些話，我就一定會一句一句反駁回去，對母親發脾氣。

「我和隔壁鄰居家的女兒一樣嗎？媽，妳永遠只會說自己辛苦的部分，對於我過得好不好、靠什麼工作養活自己，這些事情一點都不感興趣，對吧？」

「算了，算了，我還敢說什麼呢？嚇死人了。與其指望妳，不如指望我自己。」

坦白說，即便我知道當時的母親正值更年期，偶爾會陷入憂鬱、需要人哄、需要女兒陪，我也鮮少發自內心地安慰過她。我就是個壞女兒，明明很會同理、安慰別人的心，對自己的媽媽卻總是做不到。

然後每當我看著這樣的母親，總會有一種夾雜著抱歉、心疼、同情等錯綜複雜的情感排山倒海而來。

爾後，也不知過了多久，我面臨了一件完全沒有料想到的傷痛，把自己搞得遍體鱗傷。那天因為受到的打擊太大，導致我腦袋一片空白，完全想不到接下來該怎麼做，就只有呆呆地坐著痛哭，後來因為心情實在太鬱悶，覺得再這樣下去自己一定會想不開，所以在半夜凌晨時分，拿起電話打給了母親。

「喂？」

電話裡傳來母親睡覺被吵醒的沙啞嗓音，我的眼淚不停直流。

「媽……」

「妳……怎麼啦？我的女兒，發生什麼事了？」

那天，我沒能對母親說明自己究竟遇到了什麼事情，就只是抓著話筒哭了一兩個小時。

後來，聽母親說，她在我哭到泣不成聲的那晚徹夜未眠。因為從來不會對她喊累、喊疼的女兒，竟然在大半夜突然打電話給她，可見是受了莫大的委屈，而且一定是連個可以放心傾訴的對象都沒有，才會打給媽媽。她心疼那樣的女兒，遺憾自己未能在女兒身邊給予安慰、幫忙拭淚，也不曉得究竟發生了什麼事情，因而輾轉難眠。

也許，母親的傷痛多少都夾帶著我，包括從小未能多陪伴我、想要得到女兒的愛、想要與女兒交談、希望女兒能夠住得離自己近一些，所以儘管用盡各種理由和眼淚，也想要和女兒見上一面，諸如此類的傷痛。

說不定母親的心田裡開滿未受安慰的受傷花朵，所以有時顯得極其美麗。正因為自己也有陰影，才能看見別人的陰影，這就是我的母親。

我的母親是個傷痕累累的人。

但願她的傷痛可以被種在土裡，白天曬曬太陽、倚著微風小憩，夜晚汲取日月星辰中最美麗的光芒，開出世上最美麗的花朵——名為母親的花。然後在面對世間的苦難與傷痛時，能夠將自己蘊藏已久的光芒發散出去，成為最溫暖的氣息，擁抱、撫慰彼此。

期盼傷痛幻化成花朵的那段時間、那段過程，對於母親來說會是最幸福的日子。也希望如此盛開的傷痛，可以成為世上最耀眼奪目的花朵。

也許，母親的傷痛多少都夾帶著我，

包括從小未能多陪伴我、

想要得到女兒的愛、想要與女兒交談、

希望女兒能夠住得離自己近一些，

所以儘管用盡各種理由和眼淚，

也想要和女兒見上一面，

諸如此類的傷痛。

父親喜歡長頭髮

母親每次北上首爾，一定會做的事情之一便是去理髮廳整理頭髮，把長長的頭髮修整一下，染上新顏色，再將其燙捲，但是長度永遠維持不變。那個年紀的長輩大部分都說長髮難整理、不方便，我不免感到好奇，問了一下母親：

「媽，妳留長髮不麻煩嗎？」

「唉，怎麼可能不麻煩？麻煩死了，但又有什麼辦法呢？妳爸就是喜歡長頭髮啊，絕對不允許我剪短。」

母親說自己會留長髮都是因為父親喜歡，明明整理起來有夠麻煩，尤其炎炎夏日披著一頭長髮真的會很煩躁，但是讓她甘願忍受這一切的力量，正是來自於「妳爸喜歡長頭髮」。光是這一句話就能使母親瞬間變成女人。

儘管母親說的話聽起來沒什麼，卻仍在我心中掀起一陣波瀾。我這才發現，母親也是女人；對於父親來說，母親依然是女人，而母親也始終希望自己是備受丈夫疼愛的女人。

如今回想起來，母親換完髮型以後最先問「我看起來怎麼樣？」的對象正是父親。要是父親笑著回答：「老婆今天好漂亮喔！」母親就會一臉羞澀地摸著自己的新髮型，說：「是嗎？看來今天頭髮弄得不錯。」還發出略帶鼻音的愉悅笑聲。通常她只要得到父親的稱讚，就會開心一整天，還會不時哼歌，像極了剛談戀愛的二十多歲女孩，看上去十分幸福。然而，也有一次得到父親的「不好看」回應，讓她難過許久。

猶記四年前的初夏，我輕輕試探正在苦惱著該換什麼髮型的母親，遊說她乾脆直接剪成超短髮看看。然而，母親立刻展現出一副會出大事的樣子。

「喂～不行啦，妳爸不喜歡短髮。」

竟然毫無商量餘地。當時我心中突然冒出一股微妙的好勝心——這次一定要讓母親剪去那頭令人煩悶的長髮！

「媽～妳到底要顧及爸的喜好到什麼時候啊？妳不是也認為長髮很麻煩嗎？直接剪掉啊！我記得妳以前剪過一次超短髮，超漂亮的欸！」

聽聞我這麼一說，原本立場堅定的母親開始有些動搖。

「是嗎？那……還是要試試看？唉，可是萬一妳爸不喜歡的話怎麼辦？」

「哎唷～怎麼會，在爸的眼裡哪有不漂亮的？對了，爸爸把妳的電話存成什麼來著？哦，親愛的熙婷！沒錯！既然是親愛的熙婷，總不可能因為頭髮剪短就說妳不漂亮吧？」

母親開始猶豫不決，接著便一副下定決心的樣子。

「妳說的也是……好吧，那這次就嘗試剪短吧！」

那天，母親果斷地做了把頭髮剪短的決定。每當剪刀剪去母親的長髮、發出喀嚓喀嚓聲響時，我心中的煩悶感彷彿也被一一剪去。母親看著鏡中換了一頭清爽髮型的自己，露出滿意的笑容，但這份清爽愉悅的心情並沒有維持多久。

母親返回鄉下的隔天，我好奇地致電母親，詢問她父親的反應如何。

「媽，爸有說什麼嗎？是不是說很漂亮？我覺得妳這次剪的極短髮比以前漂亮太多了！」

然而，母親的嗓音明顯有些鬱悶。

「最好是，哪裡漂亮了……妳爸說一點也不漂亮。」

母親說話的聲音瞬間變得沮喪。

「什麼？不漂亮？怎麼會！明明就很好看！」

「不知道……總之妳爸只喜歡長頭髮，他說長髮最好看。唉，所以我都說不要剪短了。」

不論女兒多麼賣力地誇她漂亮，周圍的人多麼稱讚這次的新髮型比以往更顯年輕，母親也一點都開心不起來，因為她真正想要取悅的對象並沒有誇讚她。母親一定幻想過父親見到她突然大改造的模樣露出又驚又喜的表情，然後一邊想像著那樣的畫面，一邊滿心期待。然而，當那份美好幻想碎裂一地、那份期待落空的時候，內心也跟著失落無比。

想要在心愛的對象面前顯得漂亮是女人的本性；期待對方察覺並發現這份別有用心則是女人夢寐以求的心願。

就連她的女兒（我）、她的母親（外婆）都辦不到的事情，便是讓她變成女人，而非母親；讓她以女人之姿生活的力量，正是丈夫的愛，也就是我父親的愛。

對於沒有丈夫、還被貼上離婚女標籤的母親來說，先生的存在本身就是莫大的安慰，也是填補空缺、使其人生完整的力量。如今，我已明白，父親是這世上唯一能使母親完整的人——那個想要一輩子以「親愛的熙婷」留在父親心中的母親。

母親的孤單ing

幾年前，姨媽搬到父母所在的鄉下住處附近。由於他們之間起了一些衝突，關係惡化之後，外婆也徹底惹怒母親，因為外婆不停說著：「妳是妹妹，要多擔待一些」、「至少講話不能太難聽」、「還不都是因為妳有些地方很難搞」……等，母親就在某天爆炸了。

「因為我講話難聽！因為我固執難搞！妳的女兒就這麼壞嗎？我到底哪裡做錯了？每次有好東西我都是第一個想到妳們，還要我怎樣表現得更好？大家都看我好欺負是嗎？」

母親蹲地痛哭。在她嚎啕大哭的同時，還一邊說著：

「默默隱忍的我才是蠢蛋，悶不吭聲的我才是傻子。有誰知道我的心早已傷痕累累，又有誰知道我現在氣到五臟六腑都在痛！」

母親藉此機會一吐心中怨氣，過了一會兒，才以稍微冷靜的心情將過去發生的事情娓娓道來。她表示自己也會失望、會難過、會感到不是滋味、會生氣、會火冒三丈，有情緒，也有所有人都會有的感受。自己絕非因為忍耐是一種美德，或者善於隱忍而選擇默不作聲，是因為想著只要忍一下就沒事了，所以有時也是強忍著怒火中燒的心，獨自承受煎熬。最後，她還補了一句：

「你們知道嗎？我啊，真的是寂寞死了。就算有什麼事也都悶不吭聲、一聲不響地吞下去，有誰能明白我的心情？有的話倒是出來說說看啊！」

母親說了，她其實很寂寞。

從鄉下返回首爾以後，過了幾天，外頭下起綿綿細雨，空氣中瀰漫著一股感性氛圍，突然讓我想起爺爺奶奶的鄉下老家。每到下雨天，我們就會坐在廊臺上，鋪幾張報紙，拿出卡式爐，眼睛望著簷角滴落的水珠，嘴裡吃著奶奶親手煎的熱呼呼煎餅。對了，記得當時有人幫忙拍下照片，不曉得還有沒有留著。我為了找出當時的照片，拿出相簿開始翻閱。既然如此，就來一張一張慢慢欣賞好了。我翻開相簿，仔細端詳，其中一張照片深深吸引了我的目光。

那是母親站在公園裡的照片，一旁站著毫無印象、幼兒時期的我，另一旁放著一輛娃娃車，裡頭載著還是小嬰兒的弟弟。照片中的母親不帶笑容，甚至還有一種彷彿快要哭出來的感覺，看上去略顯疲累。我靜靜地看著那張照片，想起母親曾經提及的一段時期。

母親的前夫在我們姊弟倆分別是五歲和兩歲的時候，以賺錢的名義遠赴塞班島，整整兩年都沒回家。也許母親的寂寞孤單，正是從那段沒有先生陪伴的兩年偽單親生活開始的也不一定。母親靠著和社區阿姨們玩花牌——以每輸一分就付十塊韓圓為賭注——來排解那些日子的孤單，每到晚上，則是靠摺紙花兼差，一邊抱著年幼的兩個孩子，一邊摺紙來排解寂寞。到了週末，便會藉由舉辦社區共餐活動來填補內心空缺。然而，自我安撫的日子也維持不了多久，很快就撐不下去了。每每帶著兩名年幼的孩子在外吃飯，就會看見周遭到處都是有父親陪伴的家庭，而她每當其中一個孩子生病時，就要獨自咬牙苦撐、以淚洗面；每到女兒幼稚園表演活動日，便要一肩扛起更小的兒子，獨自把女兒稚嫩可愛的模樣盡收眼底。種種情況和日常，母親都只能一人苦撐。

經過如此煎熬漫長的等待，終於迎來先生回家的日子，母親想必苦等多時。然而，那份期待最終還是被無情粉碎。她必須代替無能的先生扛起養家的責任，日夜不停歇地工作、養小孩。儘管先生已回到身邊，母親的日常依舊沒有改變，甚至有時會覺得，先生不在的時候反而還比較好。

於是，母親漸漸學會把自己想說的話、該說的話，統統堆疊在心裡，也逐漸遺忘如何向人傾訴。就這樣過了一年、兩年，可能母親自己也有感覺到，已經不再有任何可以堆疊真實心聲的內心空間，也沒有多餘的心能夠對誰付出。於是，母親的寂寞感變得比大海還深，也比秋天的落葉淒涼。

也許正因為如此，從某一刻起，母親變得滔滔不絕，出現一種會不停講述自身遭遇的習慣。

想說的話一天比一天多，是因為她很孤單。過去不斷堆積在心底的那些話，不管是誰，她只希望有個人能聽她訴說就好。

也許母親獨自擁抱那些寂寞，只是在等待子女們趕快長大也不一定，這樣才會有人聽她說話。然而，這樣的期待還是撲了空。成年後的子女為了活出各自的人生而忙碌奔波，即便有空也沒將那些時間留給母親。當母親做出某項提議，就會以今天因為這樣、明天因為那樣為由回絕。因此，母親才會不分時間、場合，只要有人在自己身邊，就把握機會抓著對方說個不停。

母親的心裡，依舊有尚未傾訴完畢的寂寞。然後那份孤寂感，目前仍處ｉｎｇ，現在進行式。

對於母親來說，女兒是怎樣的存在呢

「女兒啊，外婆不接電話，不會有什麼事吧？你們記得去關心一下。」

「兒子（我弟）是不是有什麼事啊？我聽他說話聲音不太對勁，妳打個電話給他關心一下吧。」

女兒啊，媽媽在想……女兒啊，是這樣啦……女兒啊，是那樣啦……

我媽是個很喜歡拜託女兒做事的人，而且大多是令人不好意思拒絕、終究無法說ＮＯ的事情。尤其是在我忙翻天的時候，這種請託會更頻繁、更嚴重地出現。

那天也是在我同時要準備錄影、潤飾原稿，忙到昏天暗地、焦頭爛額的時候，桌上的手機突然奮力震動。我擔心可能是製作單位來電，連忙確認來電顯示，結果螢幕上顯示著母親。到底該接還是不該接，我猶豫了一會兒，最後決定還是先接再說。母親一聽到我的聲音，便焦急地說道：

「女兒，出大事了！外婆怎麼都不接電話？她老人家從來沒這樣過啊，到底怎麼回事？」

還真是在絕妙的時間點打來。怎麼總是在這種情況、這種節骨眼接到來自母親的電話，而且內容也如出一轍，著實令人費解。其實我對於母親打來的這種電話早已習以為常，所以不以為意地回答：

「可能是摘下助聽器睡著了吧，外婆每次只要沒戴助聽器，就會什麼聲音也聽不見啊。」

聽完我的回答，母親仍舊往最糟的情況設想。

「可是……有可能這麼聽不見嗎？之前也從來沒有這樣子啊，要是出了什麼差錯的話該怎麼辦？不會又跌倒送急診了吧？」

去年冬天，外婆曾在結冰的路面上不慎滑倒，導致手臂骨折，緊急送往急診室就醫。當時母親接獲電話通知以後嚇得魂飛魄散，至今仍留有陰影。她似乎是想起那天的記憶，嗓音中滿是擔心。然而，我的腦海中早已沒有餘地容納那天的記憶；我必須趕快結束這通電話，專心準備節目。我的心早已與母親的擔憂背道而馳，是時候掛電話了。

「媽，妳有打電話去老人中心問過了嗎？要不要請順子奶奶去看看外婆？」

母親一如既往地回答：

「女兒，媽怎麼想都覺得好擔心，妳可以替我跑一趟嗎？」

又是一樣的臺詞：「女兒，妳可以替我……」雖然心中的怒火瞬間被點燃，我還是努力嚥下那把火，冷靜地告訴她：

「媽，我現在無法過去，等一下就要開始錄節目了，我是能去哪？妳不如打電話給兒子，拜託他幫妳跑一趟。從距離上來看，他也比我這個在首爾的人更快抵達。」

「可是他也在工作啊……」

這樣的對話不知道已經上演過多少次了，終於讓我忍不住爆炸。

「所以？難道我就沒在工作？那麼擔心的話妳自己北上看看啊！或者乾脆趁這次機會直接和外婆一起住吧，再不行就和爸一起搬去外婆家附近也可以，現在突然叫我去看外婆到底是想怎樣啦！」

一時間，我因為實在太生氣而哭了出來，然後開始像機關槍一樣劈里啪啦對母親抱怨個沒完：「我又不是妳的代理人」、「不要再使喚我了」、「雖然知道妳人在鄉下，遇到這種情況自然會很擔心，可我馬上就要去錄影了，當我會分身術是不是？」

就在一陣分不清是哭還是氣的抱怨之後，母親語帶沉重地回應：

「對不起，媽只想到自己，都沒顧慮到妳正在工作。我會再從外婆周遭打聽看看，妳先去忙吧。」

喀嚓。

比起一吐怨氣完的爽快感，我反而有種快要鬱悶而死的感覺，心裡卡著疙瘩。我衝去洗手間，用冷水洗臉，讓自己沉澱一下，然後撥了電話給弟弟。

「你在忙嗎？聽說現在聯絡不上外婆，你如果不忙的話就幫忙跑一趟外婆家吧，我正準備要錄節目。」

弟弟似乎透過我低沉的嗓音察覺到氣氛不太尋常。他說自己剛好有空，可以幫忙去看外婆。呼，我不自覺長嘆了一口氣，然後帶著沉悶的心，重新打電話給母親，向她交代目前的處理情況。母親聽完以後似乎感到比較安心，語帶哽咽地說：

「謝謝妳，百忙之中還願意幫忙這樣安排處理。媽主要是……一方面擔心外婆，一方面又無法親自過去，拜託兒子幫忙可能還要看他臉色，所以才會找女兒幫忙，結果女兒又告訴我她自己也忙得要死……我真的是束手無策啊！」

當下，我感受到母親的焦急、無奈與鬱悶——拜託兒子幫忙可能還要看他臉色，所以即使知道女兒在忙，還是只能找比較好講話的女兒幫忙，結果沒想到整天裝忙的女兒竟又尖酸刻薄地把她臭罵一頓，最後只能強調自己才真的是束手無策——我感覺到心臟邊緣在隱隱作痛。

「媽，對不起，我因為要準備錄影，所以比較敏感。別哭了，是我的錯。」

也許是聽到我親口認錯道歉，母親多少有些釋懷，但也轉而開始對我不停抱怨，指責謾罵：「該死的臭丫頭，明明就可以這樣解決，何必對母親說那些難聽話」、「做人心性不能如此之壞，我也是不得已，不然怎麼可能拜託忙得要死的女兒，真是太不了解母親」……諸如此類的內容。噗哧，我一邊笑，一邊聽母親發牢騷，腦中不禁浮現這樣的想法。

都說丈夫是臂膀往外拐、向著外人的，那麼，對母親來說，女兒是挺誰的呢？也許對於母親來說，女兒是這樣的吧——

絕對不會拒絕自己的人。

對於母親來說，女兒是世上唯一、永遠站在自己這邊的人。

我媽是個很喜歡拜託女兒做事的人，

而且大多是令人不好意思拒絕、

終究無法說 NO 的事情。

也許對於母親來說，女兒是這樣的吧——

絕對不會拒絕自己的人。

世上唯一、永遠站在自己這邊的人。

媽媽也有權利「做自己」

我在尚州老家從未洗過碗，因為每次只要準備洗碗，媽就會這樣：「別洗，別洗，等以後結了婚，就算人家叫妳別洗也得洗，洗到妳瘋掉，所以不必這麼早就開始洗碗，媽來就好。妳趕快去把之前沒睡好的覺統統補回來。」

然後堅持把我這雙已經浸泡在洗碗槽裡的手拖出來。這種時候，母親就像個除了「母親」以外沒有其他名字的人，彷彿是專門為了成為母親而誕生的人。

然而，真正需要補眠的人反而是母親。因為正值農忙期，凌晨就要起床下果園採收，還要準備三餐和割稻飯，做各種家事，但母親卻對我說「去把之前沒睡好的覺統統補回來」。每每遇到這種情形，我都會覺得自己彷彿給母親又添了一件麻煩事，偏偏在這最忙的節骨眼跑回來，害她要多洗一副碗筷，心裡總有些過意不去。我帶著各種不自在又不捨的心情，心一橫，不管那麼多了，直接一屁股躺在沙發上，打開電視，但可想而知自然是心不在焉，視線老是會不自覺飄向在廚房裡忙碌的母親。最後，我實在忍不住，從沙發上起身，走到了母親身旁。

「有沒有需要我幫忙的？」

母親毫不遲疑地回答：

「沒有，媽來處理就好。」

「對了！要不要幫妳洗衣服？」

「不用，媽來弄就好。」

媽、來、弄、就、好。母親用這五個音節回絕協助，彷彿自己是神力女超人一樣，什麼都說「媽來處理」。這個也「媽來弄就好」，那個也「媽來幫妳弄」。那天，母親的屁股整天都沒坐下來過，四處忙活。直到傍晚時分，她的房間內開始出現疼痛哀號，每翻一次身，就會發出

「哎唷喂呀、哎唷喂呀」的痛苦呻吟，直到她再也忍不住。

「女兒啊～幫媽貼個痠痛貼布吧！」

母親把身上的衣服撩了起來，將赤裸的背部靠向我這裡。我無奈地幫她分別在背部、腰部、肩膀貼上貼布，心想著媽到底是從何時起凡事都要搶著自己做，最終還是忍不住念了她一頓：

「自以為是鐵人二十八號是不是？這個也我來做，那個也我來弄，統統都我來、我來、我來，所以才會把身體搞成這樣啊！不自己弄的話身體會長刺嗎？這麼操勞，身體不壞才怪！」

原本悶不作聲的母親默默開口：「別再嘮叨了。妳回來的時候，還有我能做這些事，已經算很幸福了，我小時候可沒這麼好命。爸爸英年早逝，只剩我和妳外婆母女倆相依為命，這些事還不都是我自己一個人做。」

母親是在約莫十歲的時候面臨了痛失外公的命運，只剩下她和外婆兩人孤苦伶仃。一夕之間變成寡婦的外婆，每天都得從凌晨工作到深夜，因為要獨自扛起撫養年幼女兒的責任，光是維持家庭生計就忙得不可開交，從未親手幫母親包過一盒便當。每次只要學校有郊遊或運動會等活動，母親就會用她那細如蕨菜的手自行包海苔壽司；外婆偶爾休假在家裡煮飯時，她也會站在一旁默默觀察，牢記料理方法，等之後要包便當時再自己嘗試做做看；每天放學回家，母親也因擔心出門工作晚歸的外婆整天沒好好吃頓飯，都會煮好一鍋大醬湯或泡菜鍋備著，要吃再加熱就好。

母親曾經對我說，她唯一的心願就是吃吃看外婆親手為她包的便當，但她從來沒有讓外婆知道這件事，因為她擔心自己要是說出來，外婆心裡一定更難過，對女兒更感愧歉。

聽說母親小時候要是碰上連外婆的臉都見不到就直接睡著的日子，便會在睡前把想要對外婆說的話大大地寫在紙上，放在外婆隔天會穿的鞋子上，好讓外婆容易發現、看得清楚。

媽，我今天要買文具，記得放錢在桌上。

今天工作也要注意安全喔～

原本打算放文具費在桌上就要趕著出門上班的外婆，轉頭看向年幼熟睡的母親，很是心疼不捨，又回頭撫摸了女兒的小臉好幾次。

母親說到這裡，一邊喊著「哎唷喂呀～」一邊緩緩轉身躺平，還偷瞄了我一眼，故作淡然、有意無意地說道：

「所以趁我還能幫妳做的時候就別說話了，乖乖待著就好。妳說我還能幫妳做多久呢？世事難料，要是我明天就去了天堂，至少在我的孩子心目中，還能留下媽媽生前為他們做了許多事的記憶，是不是？」

的確，母親說的話從頭到尾沒有半點錯，可是我的內心一隅，不知為何一直有種揪心刺痛的感覺。

其實我很慶幸有母親在身邊，也很感謝她替孩子們做了許多事，對此深感幸福。但即便她沒有做這些事，對我來說依舊是母親；並不是因為她為我們做這些事，她才稱得上母親，也並非身為母親就該為我們做這些事。

我連忙躺到母親身旁，深怕一時情緒激動、悲從中來的眼淚會被她發現。我清了清哽咽的喉嚨：

「知道了啦，反正呢，妳也要多為自己的身體著想。我只希望這種生活可以長長久久，才不要變成什麼回憶，知道嗎？」

母親似乎察覺有異，把臉湊到我面前，仔細端詳。

「妳哭了啊？真的假的？為什麼哭，是覺得媽太可憐嗎？我的天啊！這罕見畫面還真是要活得夠久才看得到呢！我女兒竟然會因為可憐她母親而流淚，愛哭鬼喔～羞羞臉～」

「我哪有！我才沒哭！」

母親捧腹大笑，我則在一旁不停反駁制止。這樣的互動感覺有點像朋友，也有點像姊妹。

說不定母親是從很早以前就忽略了自己可以「做自己」的事實，也可能是當時的時空背景讓她完全沒有閒暇餘裕去思考這件事情，就這樣習以為常地度過了每一天。

儘管如此，我還是希望母親可以按照原本的樣子做自己，好好陪在我身邊就好。

陪得愈久，愈好。

其實我很慶幸有母親在身邊，

也很感謝她替孩子們做了許多事，

對此深感幸福。

但即便她沒有做這些事，

對我來說依舊是母親；

並不是因為她為我們做這些事，

她才稱得上母親，

也並非身為母親就該為我們做這些事。

活得耀眼吧

「女兒，那個什麼來著……耀眼？那是電影還是連續劇？我可以在哪裡看？」

叫她看那部連續劇都已經是多久以前的事了……推薦她看的時候壓根就沒把我的話聽進去，現在反而主動開口詢問。不過話說回來，《如此耀眼》早已播完將近兩個月了，我更好奇母親怎麼會突然對這部劇感興趣。我想起早上看到的新聞——在《如此耀眼》中展現精湛演技的演員金惠子，榮獲百想藝術大賞電視部門大獎——那一刻我切身體會到，對於我的母親來說，傳播媒體的可信度絕對凌駕於女兒的建議之上。

「不是啦，因為我在田裡聽廣播，裡面有介紹這部劇，聽說劇情感動到會讓人痛哭流涕？」

會讓人痛哭流涕的感動。母親說得一副自己正好很需要的樣子。對於居住在鄉下、過著平淡無奇生活的她來說，究竟需要什麼？

聽聞母親這麼一說，我便開始回想《如此耀眼》裡出現過的場景。在那部連續劇裡，有幾場戲最令我印象深刻，例如：胸懷大志、對青春充滿熱情的二十多歲女大學生惠子；忘記自己患有阿茲海默症，重返年輕時期的惠子；失去丈夫以後，兒子卻又因為事故失去一條腿，惠子只能獨自振作堅強……

《如此耀眼》是一部講述罹患阿茲海默症的惠子奶奶其人生故事。她逐漸忘卻現在，回到過去，向現今正走在人生這條美麗道路上的偉大母親，傳遞任誰都曾有過的酸甜苦辣。我看著這部連續劇，想起了我的外婆，也想起了我的母親，因為劇中惠子的人生故事，正是外婆和母親的人生寫照。

曾經，我翻看過母親的相簿，裡面有留著一頭俏麗短髮、身穿紫紅色高領針織毛衣搭配暗紫紅色喇叭長褲、露著靦腆笑容的國小六年級母親；也有身形圓潤，臉型圓滾，留著耳下三公分短髮，身穿及膝黑色校服裙配白襯衫，面帶燦爛笑容和導師、同學合影的國中生母親；還有比同儕高大，常打排球的高中生母親；以及身穿華麗婚紗、披著頭紗，稍微面無表情、尷尬地注視著鏡頭的母親；和我現在年齡相仿，穿著一身帥氣套裝、面露開朗笑容的三十多歲母親；還有披著一頭長髮，把腳泡在秋日的河水裡，面帶寂寞笑容，略顯孤單的母親。我所不知道的、母親的面容、情感、人生，全都如實收錄在那本相簿裡。

其實，我並不曉得母親過去是怎樣的人，也不了解她的生活，更不知道當時的她是怎樣的少女、懷抱著什麼夢想、描繪著什麼樣的未來藍圖度過青春，因此，我可能才會將她純粹認知成是我的「母親」，而不是一名女性、和我一模一樣的個體，忘記她其實也是人、是女人，同樣會有難過、悲傷、歡喜、幸福等情緒，和我一樣會經由所見所聞有所感受的這些事實。

或許母親是想要藉由《如此耀眼》這部連續劇來回顧自己的過往也

不一定——那段自己也說不上來有多美好，不算特別輝煌燦爛、沒被什麼人看見的日子——說不定她想重新喚回那些記憶，找回感動到痛哭流涕的過往瞬間。

儘管母親沒有特別喜愛過去，也不認為當時有多美好，那些過往歲月依舊會揚起笑容，對母親回想起的各個片段說：

「妳的人生比誰都還要耀眼奪目，因而燦爛，因而美麗。既是我的人生亦是妳的人生的那些日子，儘管使妳感到寂寞痛苦，無人擁抱、無人為妳遮風擋雨——儘管妳的人生如此，但妳的價值光芒四射，所以是絢麗多彩的。妳的過往歲月比秋陽還要炙熱，比春天滿開的花朵還要繁盛，比夜空下的星光還要閃耀。」

至今為止，母親的人生依舊是管理妥善的人生，我相信將來亦會是如此。

耀眼，綻放。

我的人生

時而不幸，時而幸福
雖說人生不過是夢一場
但至少有活過就已算不錯
清晨時分凜冽的冷空氣
花兒盛開前的甜蜜微風
日落時分瀰漫的夕陽香
無一日不耀眼
即使是在為生活所苦的你
只要誕生在這世上
就有資格每天享受這一切
即便平凡的一天過去
又將迎接無奇的一天
人生仍有其活著的價值

不要被充滿懊悔的過去與焦慮不安的未來
搞砸了你的現在
請活在今天
活得耀眼奪目
你絕對有這樣的資格
獻給
身為母親
身為姊姊
身為女兒
以及身為自己的妳
——連續劇《如此耀眼》片尾臺詞

因真心而有了溫度的真話

「女兒，我今天去了一趟醫院。」

「醫院？為什麼去醫院？」

「我的膝蓋和手臂長水囊腫，要去打針治療。」

當我接獲母親才剛來首爾就進醫院的消息，內心頓時一沉，擔心她的身體狀況是不是很糟，該不會還需要住院。不過所幸問題不大，只要打針就能解決，著實讓人鬆了一口氣。

「話說回來，我去醫院時發生了一件很好笑的事情。」

我一邊心想：「在醫院裡是能發生什麼特別好笑的事情？」一邊看著母親。母親則是傻笑著繼續說道：

「之前還沒搬去鄉下、生活在首爾的時候，我一直都是去同一間醫院看病，今天就是去那間，結果發現院長還在，於是我就對他說：『天啊！院長，您也老了好多喔！該退休養老了吧。』結果妳知道院長回我什麼嗎？」

「不知道……」

「他說我距離上次看診已經隔了十三年，然後說那些很久沒去找他看病的患者，每次只要看到他都會說怎麼還是跟以前一樣都沒變，但他其實知道那些都只是客套話，盡～是些騙人的謊話。所以他看著我大笑，說我真是個直率的人。」

母親也不曉得在開心什麼，咯咯笑個不停。我對於母親的反應感到訝異，納悶著這件事情究竟有什麼好笑，能讓她如此笑開懷。然而，很快地，我便從母親的反應看見了過去我不曾注意到的一面。

母親是個很會說真話的人，完全不會說那些不是發自內心的客套話。她就是個「與其要說客套話，不如不說話」的人，總是毫無保留地把想說的話，自己的感受、想法，統統表達出來，而且認為不對的事情也一定會直說。雖然這樣的作風常被說是直率，但其實也容易被人認為說話太直、太傷人。因此，我不是很喜歡母親如此耿直的說話方式。

曾經，我聽見鄰居阿姨來我家和母親閒聊的內容，大致上是在說阿姨前幾天因同社區平日友好的大姊而感到內心受傷。當下，她沒有直接表現出內心的不悅，但事後回家仔細回想，一直認為對方實在太不尊重自己，因此怒氣難消。後來，阿姨決定要尋找把話說開的時機，卻已事隔多日，直到和我母親見面當天她才找到機會，要求對方針對前幾天說的話道歉。阿姨以為這樣明說，對方就會馬上道歉，結果反而被反咬一口，演變成更大的衝突。述說這一切來龍去脈的阿姨，說了好幾次自己真的好委屈，而這句話也等於是在向母親暗示，希望能同理她的心情、站在她那邊。然而，面對阿姨的訴苦，母親竟一如往常地直率表示：

「那是妳的問題啊！妳在當下就應該說出真實感受了。就是因為妳都默默隱忍，對方還以為妳就是那種人，這不是理所當然的事情嗎？然後還拖了幾天才跟對方重新提及那時候的事情，她一定也很錯愕啊！因為妳在對一些她根本沒料想到的事情興師問罪。」

阿姨似乎也因母親這番出乎意外的回應而感到錯愕、受傷。我見狀心想：「媽也真是的，站在阿姨這邊力挺她，又不會花她半毛錢，有必要把問題點一一列舉出來嗎……」當然，母親說的每一句話都沒有錯，句句屬實也句句是真話。然而，我看著阿姨逐漸轉趨黯沉的臉色，不禁擔心她會不會因此和母親也失和。正當我腦海裡充斥著各種想法時，阿姨突然開口：

「親愛的，妳說的我都聽懂了。（看了一下手錶）天啊，時間怎麼過這麼快，我該回家煮晚餐了，謝謝妳聽我發牢騷。」接著便匆匆離去。

阿姨離開之後，我用責備的口氣對母親說：

「媽，妳怎麼不幫阿姨說話呢？她聽起來就是希望妳可以站在她這邊，結果妳卻保持中立的態度，專挑她的痛處去戳。媽，拜託妳別再那樣說話了。」

母親似乎認為我沒大沒小，惱羞成怒地反駁：

「喂，妳才不能這樣對我說話。真的是她有問題啊，看到問題點就該如實提醒她，為何要盲目地說她沒有錯？這也太虛偽了吧！而且人生在世，怎麼可能永遠只聽好聽的話？也要有我這種說真話的人，人際關係才會健康運作吧。」

我看著母親因我說的話而生氣、停下煮飯動作的背影，喃喃自語：

「明明前幾天妳也質問過我，怎麼不挺妳……」

然後就在吃晚餐的時候，母親的手機鈴聲響起，是鄰居阿姨打來的。我心頭一驚，推測應該是想要向母親表達剛才的事情讓她心裡很不是滋味，沒想到，結果完全與我的預測背道而馳。母親和阿姨通電話的期間笑聲不斷，感覺心情非常好，就連說話口氣都十分柔和。我不禁納悶：

「到底怎麼回事？」一心只希望母親趕快講完電話。兩人就這樣嘻嘻哈哈講了十多分鐘的電話後，終於掛斷。我忍不住好奇地詢問：

「怎麼了？阿姨說什麼？」

「她說很感謝我，剛才的確有因為我說的話太直而感到不悅，但是回家路上仔細想想，發現當初選擇沉默不語的自己確實有問題，所以就主動打給當初吵架的大姊，兩人已經把話說開、和好了。也是好事一樁啦。」

於是，母親終於重拾胃口，開始用餐。我看著這樣的母親，不禁有一種自己實在很不了解她的感覺，對她感到十分抱歉。因為每當她說真話時，我的反應總是如下：

「媽，拜託妳別再這樣說話了。」

「媽，妳非要這樣說話不可嗎？」

「妳一定要這樣不吐不快嗎？」

母親的話總是粗糙、未經修飾、耿直坦率，而且說的方式總是蘊含著那獨特的、「為對方好」的情感。

在「那就是妳不對了」這句逆耳忠言裡，隱藏著希望對方不要選擇歧途的真心；在「妳不覺得這個地方有點過分嗎？」這句話裡，則是蘊含著真心為對方著想，而非只說一些虛偽的好聽話來附和對方。

母親的真話藏著她的溫暖，也藏著她的擔憂，堆積著各種愛意；最重要的是，永遠充滿著想要如實觀看人心的那份透明感。

母親說的話是真話。

母親說的話很有溫度。

所以我喜歡。

想要長久留在身邊的心

現年五歲的小姪女，總是令我朝思暮想。她是我人生第一個姪女，和她分開時，我會一直想念她，好奇她在做什麼。她的身影也老是會在我眼前若隱若現，彷彿我是墜入愛河的少女似的。先前，身邊的人爭先恐後地向我炫耀自己的姪子姪女時，我還不太明白這些人有什麼好驕傲的，但自從我也有了姪女以後，反而變得比他們還要誇張，不論走到哪裡，都忙著給別人看她的照片。總之，我實在很愛我的姪女，而且是非常喜愛。

像這樣彼此相愛又依戀的我們，每到要揮手說再見時，都會花上很長一段時間，上演生離死別的戲碼。小姪女會啟動她那敏銳的第六感，從眼裡落下豆大的淚珠，放聲哭喊：

「姑姑，不要走！不要走～姑姑～姑姑！嗚嗚……」

我不管怎麼抱她、哄她都沒用，最後只好被弟弟和弟媳強制拆散，小姪女便會噙著淚水，哭哭啼啼地回家。每次見到這種情形，我的內心都不是普通的難過，所以幾分鐘後我還是會掏出手機，打電話給弟媳。

經歷完這種有如生離死別的風暴後，我都會想起記憶中的畫面——

我和弟弟以前住在那鳥不生蛋、一片荒涼的爺爺奶奶家時，母親只有來過一次，而且還是換了五次公車才抵達。我當時因為一年未見母親，感到很不真實，一直用手撫摸她的臉和手，問了好幾次「真的是媽媽嗎？」那天我們甚至也沒能相處一整天，就只是短短幾小時而已，卻是我人生中屈指可數的幾個幸福瞬間。

不停在心中想著：好想你、好想你、好想你，然後邊哭邊思念著不知何時才能再相見的對方，無止盡地想念，直到實際看到那個人出現在自己眼前——那時的心情，又豈能用三言兩語道盡？

然而，等待一年好不容易見到母親的那份幸福感並沒有維持多久。

明明艱苦漫長的等待期長達三百六十五天之久，我對母親的思念也從未怠惰過一天，離別的時間點卻毫不留情地轉瞬即至。當我直覺又要與母親分開時，從那一刻起，就產生了不能再和她分開的念頭，甚至還會感到恐懼。可是儘管我懷抱著這份恐懼與害怕，也依舊扭轉不了離別早已成定局的命運。母親把我和弟弟送回爺爺奶奶的懷裡，立刻坐上候在門外的計程車，頭也不回地揚長而去。我目不轉睛地盯著她離去的背影，竭盡所能地追著她乘坐的車輛，拔腿狂奔。

「媽，不要走！不要走，媽！」

後來我才聽說，原來當時母親透過計程車後照鏡看著不停哭喊的年幼兒女，哭到泣不成聲，而且自從探望完我們姊弟倆回去之後，便連續臥床多日。因為不論睜眼還是閉眼，兩名年幼的孩子追著車尾、哭喊「媽媽別走」的畫面，一直在她腦海中揮之不去。

每當我疲憊不堪、需要安慰時，最先想起的地方便是老家；想要拋下一切、把自己藏起來，想要大哭一場的時候也是；因為某人而內心受傷無助時也是。那是可以讓我安心放鬆的地方，只要在那裡吃一頓母親煮的飯，然後躺一下，肚子就會變得暖呼呼的，彷彿生活在都市所累積的各種體內老廢物質與毒素統統都能被淨空。

那天也是。當我已經對於上節目的生活感到厭倦甚至自我懷疑，真心想放下一切、再也不踏入電視臺一步時，我打電話給母親：

「我明天一早就搭火車回去喔！」

接獲這項通知的母親，按慣例都會向我確認一件事：

「妳打算待幾天？」

「自然是待不了多少天，頂多隔天或者再隔一天就得上來了。」

這時，母親大部分都會展現出一副不以為然的反應。

「如果只是回來一兩天就別了吧，大老遠的，幹嘛回來。」

然後我們母女倆就會陷入一陣靜默，接下來則是一如既往地由我先打破沉默。

「媽，我怎麼可能在那裡待上好幾天啦，妳當我很閒喔？妳都不曉得我現在過著什麼樣的日子……到底為什麼連妳也要這樣對我？我就只是工作有個空檔，所以想回去一趟，妳的意思是如果沒有要待好幾天，我就不能回去嘍？那裡是那種地方嗎？」

「掛嘍。」

嘟。母親掛上電話，表示她不想繼續交談。有時，我會被母親這種令人難以理解的表達方式氣到說不出話，而這種時候，安撫情緒的特效藥便是和姪女進行視訊通話，看看她那可愛的小臉，和她聊聊天，心情就會舒緩許多。然而，問題永遠在最後要掛電話的時候。每次只要準備結束通話，她就會大喊：「姑姑，不要掛電話！」光是要掛掉電話就要耗上幾十分鐘，最後也總是在弟媳的強制結束下落幕。

正當我準備噗哧一笑，內心一隅突然感到一陣酸痛；我不過是和姪女掛個電話、短暫分開，就如此難受了，那當年不得不和孩子分開好幾年的母親，又會是多麼悲痛欲絕？

也許正因如此，女兒只回去一兩天是難以滿足母親的。或者應該說，那是一份渴望孩子們能留在身邊久一點的心情；緊挨著彼此，拍拍孩子的屁股，睡覺時也能輕撫臉頰和髮絲的那種為人母的心情。

「媽，不要走！」

追著計程車尾、不停哭喊的年幼兒女——難道母親至今依然背負著那段記憶度日嗎？

女兒只回去一兩天是難以滿足母親的。

或者應該說，

那是一份渴望孩子們

能留在身邊久一點的心情；

緊挨著彼此，拍拍孩子的屁股，

睡覺時也能輕撫臉頰和髮絲的

那種為人母的心情。

3

母親的內心傷痛有著我的影子

我沒發現，母親正在凋零

前天，弟弟打電話來。

「姊，妳知道媽住院了嗎？」

「……」

我自然是不可能知道，因為我已經兩個月沒和母親聯絡了。

「怎麼了？又是腰出問題嗎？」

「嗯。妳打個電話給她吧，我記得是今天開刀。」

母親自從開始做農活以後，腰痛問題就成了難以根治的陳年舊疾，明明去年十一月才剛開刀，現在又要再開第二次。一股近似於擔心的怒火瞬間湧上我心頭。

「不是啊，她的腰才剛開完刀沒多久，一直開刀難道就能根治？假如弄不好，全身癱瘓的話還得了？到時候她打算怎麼過日子？真希望她可以不要再去處理那些有的沒的農活！」

打電話來的弟弟彷彿做錯事的孩子般，默默承受著我的滿腔怒火，聽著聽著最後還是鼓起勇氣說道：

「妳既然那麼擔心，怎麼之前一通電話都不打？快打電話給媽吧。」

和弟弟結束通話以後，我拿著手機開開關關好幾次，過了許久，才終於按下母親的電話。

「難得打來喔～女兒。」

話筒裡傳來母親溫柔平和的嗓音。實際聽聞母親的聲音以後，我瞬間覺得愧疚死、擔心死、氣死、難過死……各種難受致死。一想到要是沒有這樣的契機，自己很可能永遠不會主動打電話給媽，就覺得世界上怎麼會有我這麼壞的女兒。然而，我暫時將這些難受的心情拋諸腦後，趕緊詢問母親的身體狀況。

「應該是去年手術完以後醃了泡菜，所以毛病又犯了。」

原來罪魁禍首就是那該死的泡菜，難道不醃一次是會出大事嗎？我記得當時明明就提醒過母親，那一年就別親自醃泡菜了，買市售的來吃就好，到底區區一個泡菜是有多重要？一把無名火直衝腦門，然而，我把這些心裡話統統吞了回去，盡可能嘗試用溫柔理性的方式說話。畢竟對一位幾小時前才剛開完刀的人，實在不應該發脾氣，說那些難聽話。

「媽，所以我去年不是跟妳說過了嗎？不要自己醃，買著吃就好。這次出院以後可別再做任何事了，好好休養，知道嗎？」

話筒另一頭傳來母親的嗚咽聲。她說自己是哭著進手術室的，其實面對現在的情況，最難過的是她自己。

儘管動了手術，母親的腰痛問題之所以會再復發，全是因為農活、醃泡菜，還有為偶爾南下返家的孩子們精心煮飯所致。

母親的腰就是這樣日漸凋零的，然而，我可能在不知不覺間，把這當成了自然老化的現象。要是我有多留意母親的腰痛問題，早知道就算她不喜歡聽也要多叨念幾句，或者買一些營養食品給她吃——像這種時候真的會很生自己的氣，平時就該好好關心母親，而不是等出了問題再來亡羊補牢。內心的怒火始終難消。

正當我試圖安撫浮躁不安的內心，母親接著說剛才她也接到了外婆的電話，被她念了幾句。畢竟寶貝女兒因為辛苦幹活身體出了毛病，外婆自然也會心疼不捨，擔心程度更是不在話下。

也許正因如此，母親總是想方設法地隱瞞自己生病的事實，害怕年邁的老母親會為她操心，也怕遠在城市打拚的子女因為擔心母親而影響工作，非要等到住進醫院或者紙包不住火的時候（總是會出現走漏風聲的情況），才不得不承認自己生病的事實。母親一直以來就是像這樣，連生病都不會表現出來、報喜不報憂的人。

她問我這些日子以來過得如何，我像等待已久似的與她分享我所面臨的各種變化。母親聽得津津有味，頻頻附和。在這樣閒聊的過程中，我感受到與母親之間的那一道牆好像又變薄了一些。

準備掛電話時，我猶豫了一會兒，最後決定用這句話來傳達我的心意——

「媽，是女兒不孝，對不起。」

母親的身體正日漸凋零。

她總是想方設法地隱瞞自己生病的事實，

害怕年邁的老母親會為她操心，

也怕遠在城市打拚的子女

因為擔心母親而影響工作。

不愛媽媽的心

我很喜歡把男朋友介紹給家人，不論交往對象優秀與否，我都想把自己當下正在和誰談戀愛、談著什麼樣的戀愛秀給母親看，而母親每次也都會以「兒子」來稱呼他們，親切以待。我正是享受這種刻意演出的畫面。不可否認，我心底一直有股尋求認可的欲望——想要展現自己是備受疼愛的女兒，而且比其他母女關係還要親密——但到頭來，這也不過是我刻意想營造出來的形象罷了，事實是，我們的關係並沒有到非常要好。

母親經常用「花痴」來形容我。每當我無法滿足母親的欲望、未能符合她的期待，抑或是說得再精準一些——身為長女的我應該擔起家中大小事，卻未能做到，反而和她吵得不可開交時，母親就會不分青紅皂白地把我貼上「花痴」的標籤，暗指我眼裡只有男人沒有家人。而我每次只要聽到母親這樣說，就會感到忿忿不平。

因此，有些時候，我會憤而怒吼：「對！我就是個花痴，怎樣？難道妳希望長大成人的女兒是個從未談過戀愛的傻子嗎？」有時則會像罪人一樣低頭認錯：「媽，是我的錯。真的很抱歉，別生氣了，好嗎？」有時也會嘗試理解受傷難過的母親，告訴她：「媽，原來妳是因為這樣所以很難過啊。我可以理解妳的心情，妳一定也很痛心吧。」

但其實我一直都很希望母親可以了解我的心情，因為她也是外婆的女兒，我以為她會比誰都理解我的心思。然而，過沒多久我便發現，這只是我的一廂情願。

我用盡力氣、竭盡所能地展現我的情緒，拚命吶喊自己絕對不是什麼花痴；但是儘管我如此用力反駁，母親依舊無動於衷。

我也曾心想，該不會是母親的記憶裝置故障了吧，一定是如此。母親從不記得我表現好的事情，每每和女兒起衝突的時候，她的記憶裝置就只會翻出女兒過去做不好、對她造成傷害的事蹟。

那年六月，初入夏季的某一天，我剛結束一段長跑五年的戀情，帶著受傷疲憊、渴望得到安慰的心情，搭上前往鄉下老家的列車。因為不想見任何人，也不想獨自一人留在首爾，加上找不到安慰自己的方法，只好一股腦地先回家再說。一路上，我都呈現安穩平和的狀態，卻也同時夾帶一絲焦慮，總覺得自己即將面對一些不想面對的情況。

我走下列車，再走出車站，發現母親的車等在門口，準備要載我回家。整整三十分鐘路程，我們沒有多做交談，只有她默默地抽了兩三根香菸。我也不知道自己那天為什麼特別討厭她抽菸，最後語帶不耐地對她說：

「媽，能不能拜託妳不要再抽菸了啊？真的快吐了！」

正在開車的母親瞥了我一眼。

「妳這丫頭怎麼看男人的眼光那麼差？唉，把妳生得好好的有什麼用，淨做些蠢事，還自以為聰……」

「啊，真是夠了！拜託妳停止，停止！妳看我現在這副德性，還忍心說那些話嗎？」

「喂，妳幹嘛老是叫我戒菸啊？就因為我是妳媽嗎？當妳媽就一定要戒菸？妳啊，別在我面前做些有的沒的，妳以為只有妳是千金大小姐嗎？我也是人家的掌上明珠好嗎？」

在這段牛頭不對馬嘴的對話裡，我彷彿被人狠甩一記後腦杓，頓時間，錯愕與難過交雜的悶痛感排山倒海而來。過去，我一直認為母親根本不了解我的心思，不，應該說是打從心底認為她絕對不會想知道、也根本不好奇我的心思。然而，如此「超前思考」的念頭才是問題，我的自以為才是問題。

就如同我拚命向母親傳達我的心意一樣，母親其實也用盡全力在向我傳達她的心意，而我卻總是認為所有問題都出在她身上。但是到頭來才發現，原來問題在於我，在於我那份不愛母親的心。

母親和我是不同的個體，我卻不懂得尊重、認可這個與我不同的個體。我只想著設定一個名為母女的關係框架，再按照自己夢想的方式，肆意將母親套入其中。諷刺的是，我從未將母親純粹想成是一個人、一個女人，以及與我截然不同的個體，卻一直引頸期盼她可以用這樣的方式尊重我、對待我，與此同時，又不斷地拿她和其他媽媽來做比較。就連希望母親戒菸一事，坦白說也並非出自擔心她的健康問題，而是純粹對於抽菸的母親感到丟臉罷了。她那說話直爽的性格也使我忙於隱藏，而非欣然接納，深怕一個不小心會被人評價「這女人說話怎麼如此不得體」。原來我其實並不愛我的母親，而且是用盡全力、真心地不愛她。一陣屬於母親的孤單傳到了我肚臍下方的丹田位置。我從那段短暫的對話過程中，才終於看清自己的真心。

或許母親口中的「花痴」，其實是在向我表達對女兒的失望與愛意也不一定。明明是自己生得好好的、絕對不比別人差的掌上明珠，卻總是被人踐踏。希望女兒找的對象可以再更好一點、對女兒百般疼愛，但這該死的丫頭卻不知道母親的用心良苦，拚了命地對她怒吼。

其實我並沒有真心愛過我的母親，所以我一直在努力，用我的全心全意，將她接納成我的人生中心。

因為是母女啊

我已經兩個月沒和母親聯絡了。如果以今年過年為起點，我還沒打過一通電話給她，內心一隅總有種空空的感覺。一方面覺得自己愈來愈像個不孝女，因而感到不適；另一方面也擔心母親正值更年期，不曉得近況如何，加上碰巧是農忙期，不知道她那動過手術的腰是否安然無恙。每每只要想起母親，我的內心就不是普通的複雜，一言難盡。

我明白，我們的關係需要修復，只要一通電話，一切就會像船過水無痕一樣，什麼事都沒有了。但也不知道為什麼，我就是按不下那顆通話鍵。今天的我，一如既往地注視著手機螢幕上母親的電話號碼，猶豫不決。

沒和母親聯繫的期間，我一直思考一個問題：主動聯絡母親這件事，對我來說為什麼這麼難？

我花了好幾天重新審視自己的內心，發現其實有一份關於母親的傷，而且那份傷痛比我想像的還要深。

母親總是以弟弟為優先，也總是更疼愛弟弟。我會有這樣的觀念，也許是來自母親長年以來的說話習慣。

「至少當時（和母親分開時）妳年紀比弟弟大啊，那時候他只有五歲而已，我連一張百元鈔都沒留給他就離開了。雖然我沒怎麼照顧到妳，但至少妳得到了外婆滿滿的愛。」

「至少」這兩個字成了母親的正當理由。因為我比弟弟大三歲，母親認為我比弟弟得到更多外婆的疼愛。然而，母親口中的這些「至少」，對我而言無法成為任何理由或說法。

我也總是很渴望母親的愛，對於自己總是被排在弟弟後面感到孤單寂寞。要是媽媽可以多關心我一點該有多好，我其實也想要和母親變得更加親密。

就像一般的母女那樣有聊不完的話題，一起旅行、一起為平凡無奇的小事笑開懷，我也想和母親那樣自在相處。但如此平凡的事情卻不容易發生在我身上；我總是會和母親起口角、起衝突，導致我們對彼此造成傷害。每當這種情況反覆上演，我就會一扇又一扇地關上心門。

「反正就算對她說我有多受傷，也只會再度被她出言中傷。她才不理會我的心有沒有受傷。」

就這樣隨著時間流逝，我與母親之間的那道牆變得又高又厚，就算有心想要推倒，也早已像城牆般牢不可破。

其實，要用文字講述關於母親的事，對我來說需要極大的勇氣與決心。我一邊寫著這些關於母親的文章，一邊不斷努力地試圖理解她，努力愛那個當初也是身不由己的她。話雖如此，卻不表示我對母親十分埋怨、不滿意或者討厭她，只是愛她但無法將她完全接納成我的人生重心而已。所以我們母女倆都懷抱著一絲惋惜，帶著稍微尷尬、酸痛、刺痛的那種心情。

不知從何時起，母親似乎也對於這樣的女兒感到不甚自在，態度開始出現轉變。面對緊緊關上心門、態度冷淡的女兒，母親怎麼可能毫無察覺？她一定有如實感受到了那股冰冷的氣流，因此變得比較會觀察我的臉色，說話時也更加小心翼翼。

也許現在這段過渡期之所以存在，是為了讓我們接納彼此、愛對方既有的樣子，不因對方是女兒或母親而理所當然地非愛彼此不可。

我們正試著接納彼此，

擁抱彼此，

不斷努力去愛女兒、母親既有的樣子。

我們母女倆，正在拉近關係中。

母親的難言之隱

某天早晨，我出門上班，和老師（我的老師是出版社社長）共進簡單的早餐。

「對了，海珠，妳母親有打電話給我。」

我媽？打電話給老師？我有些詫異，因為自國小一年級以後，她就再也沒來過我的學校，突然打給老師著實令我費解。

到底是為了什麼事呢？老師似乎讀到了我的心思，笑著開口說道：

「我說妳啊，真的要對妳媽好一點，她開口閉口都是在擔心女兒。」

當時，我訂好了結婚日期卻臨時解除婚約。我一方面對父母感到抱歉，一方面也怨嘆自己的處境；我也很想好好表現，但不幸搞砸了一切。要是聽聞母親的嗓音，眼淚很可能會像壞掉的水龍頭一樣噴流不止，所以我根本不敢打電話給她。

我相信母親當時一定也經常看著女兒的電話號碼，猶豫過無數次該不該按下通話鍵。

儘管我的婚禮籌備得岌岌可危，我也對家人隻字未提，因為不論如何，我都不想讓爸媽和外婆失望，所以獨自承受、默默隱忍，把所有委屈統統往肚子裡吞。

一向很會察言觀色的母親，彷彿嗅到了不尋常的氣息，問我有沒有什麼事，而我也只是笑著回答沒事。即使內心千瘡百孔化作灰燼，也誓死絕口不提。我擔心自己會養成每次難過就哭的習慣，在母親面前不自覺流淚，所以更是閉口不語，封閉自己的心，害怕要是一開口就真情流露，以致一發不可收拾。然而，最終也不得不向母親表露真實心聲，請她別再期待婚禮，這場婚應該結不成了、很抱歉等諸如此類的話語。

面對具體究竟出了什麼問題沒有半句說明，而是直接宣布結論的女兒，母親想必多少會有受到背叛的感覺吧。

「喂！妳把結婚當兒戲嗎？一下說要結，一下又不結。理由是什麼？妳到底為什麼要這樣！不說話嗎？真的要逼我打電話給那個傢伙？」

「媽，抱歉，等我回去之後再跟妳解釋，對不起。」

那是我面對暴跳如雷的母親所能夠提供的最佳回應。當時我真的很想死，要是可以直接切腹自盡該有多好。我變得沉默不語；都說身處太過荒謬的處境會連眼淚都流不出來，還真是如此。不知道我當時到底是有什麼問題，竟把自己逼到這種絕境而渾然不知，只能選擇保持緘默。

我的悔婚消息頓時傳開，全家人都知道了這件事。外婆率先打來，我刻意保持鎮定，接起電話，但電話另一頭的外婆反而先哭了起來。她關心我有沒有按時吃飯，也表示只要想到我獨自一人飽受心痛之苦，她的心裡就非常難受。我實在沒辦法和她一起抱頭痛哭，畢竟讓年邁的老人家難過又不是多光彩的事情。我勉強吞下一口口難以下嚥的眼淚，一邊說著自己沒事，一邊安慰外婆，過程中雙手不停顫抖。

等外婆心情平復之後，她告訴我，母親前天才剛去探望她。媽媽，我的母親。那是在我跟媽說回去再向她解釋之後，爾後她們就再也沒有通過電話。

外婆好不容易平緩的嗓音，又再度變得嗚咽顫抖。

「丫頭啊，妳媽是哭著回去的。她一邊嚷嚷著為什麼老天爺要讓妳遇到這種苦難，一邊怨嘆自己的女兒怎麼會如此命苦。」

那是媽始終未能對女兒說出口的心底話。光看就知道女兒的心在淌血，卻束手無策的心情；看著如此痛苦的女兒，卻不敢輕易伸手觸摸、擁抱而感到焦慮萬分的母親。

我打了通電話給母親，她一如往常地接起了我的電話，原本強忍的眼淚頓時像瀑布傾瀉而下，奪眶而出。母親和哀痛欲絕的女兒一起，在話筒外頭哭到泣不成聲。

母親總是在我身後默默哭泣，面對痛苦不已的女兒，只能選擇揪著一顆心靜靜觀看。她說除了這麼做以外，自己也不能為我做任何事，只好每天暗自流淚，和女兒通話時則故作鎮定，深怕女兒會更痛苦、更看人臉色，所以表現得鎮定淡然。

女兒根本不知道她的這番心思，只能從事後輾轉得知的消息推測。這些正是身為女兒的我所不知道的、母親的難言之隱。

那天，我們在電話兩頭哭了許久，過了好長一段時間，母親才終於開口說道：

「我的寶貝，沒事啦，好好抬頭挺胸，媽掛保證，妳一定會遇到更好的男人！加油，我的女兒！」

也許母親最想對女兒說的就是這些話，而且她可能也心知肚明，這種話對於心痛不已的女兒來說不會起到任何安慰作用。她一直在自己的崗位上熬著度日如年的時間，苦苦等待，等待女兒主動找她傾訴，好讓女兒在媽媽懷裡流完所有痛苦的眼淚。

可是女兒以為自己會讓母親大失所望，以為自己是個沒出息的女兒，以為會失去母親的疼愛。

女兒不會明白，母親的愛，媽媽的心。

可能對於母親來說，原來女兒一直都是獨自隱忍，自己卻渾然不知，甚至未能給予女兒一絲安慰，這樣的事實反而使她更感罪惡。

女兒不會明白，母親所感受到的那些猶如畸形碎片般的罪惡感。然後我也不盡然明白，母親對我的那份永無止盡的愛。

今天，我想套用一句電視劇《羅曼史是別冊附錄》裡的臺詞，對母親說：

「月色真美。」

（我愛妳）

始終未能對女兒說出口的心底話；

光看就知道女兒的心在淌血

卻束手無策的心情；

看著如此痛苦的女兒，

卻不敢輕易伸手觸摸、擁抱，

因而感到焦慮萬分的母親。

我的母親，總是在我身後默默哭泣。

母女倆的和解法

那天是和弟弟大吵完一架的隔天，我帶著鬱悶的心情準備出門上班，母親卻在一大早打電話來。我心想：「難道是得知了什麼事情所以打給我嗎？」一瞬間有點猶豫該不該接起電話。我低頭看著不停發出聲響的手機，直到快要掛斷前才決定接起。

從母親詢問我是否在準備出門上班、吃過早餐了沒的嗓音聽起來，不太像是得知了什麼所以打來，於是我也若無其事地和她閒聊。但就在母親脫口而出的一句話之後，我的內建憤怒調節器徹底失靈。

「女兒，外婆好像身體不太好……我知道妳很忙，但還是想拜託妳。」

這句話要是在平時聽到，就是很普通的一句話，但是那天，這句話卻成了引爆點。

「媽，妳怎麼每次都只會找我！要是我以後嫁人妳打算怎麼辦？到時候也要拜託我嗎？怎麼不去找妳兒子呢？叫他去探望啊！」

那天，我完全是在對母親撒氣。叫她去找她心愛的寶貝兒子，向她抱怨我一直是很獨立的女兒，不管吞了多少苦、受了多少委屈都不會表現出來，但是不知從何時起，這樣的隱忍變成了理所當然，彷彿我一出生就是這種人似的。我已經對此感到厭倦疲乏，把內心累積已久的怨氣統統吐了出來。母親一直耐心聽我歇斯底里地發牢騷，過了許久才開口說道：

「女兒啊，妳最近很累嗎？」

憤怒、委屈又難過心情交織湧現，突然有一種近似哽咽、悲從中來的情緒衝了上來。面對母親這句話，我完全招架不住，當場淚如雨下。

「不知道啦，先掛了！」

嘟！我掛上電話。一是不想被她發現我在哭，二是突然覺得很慚愧，不應該對她亂發脾氣。我對自己感到失望透頂，雖然一口氣把那些不管有心還是無心的話全都說了出來，但只要想到母親在毫無頭緒的情況下一聲不吭地被我連番炮轟，就會覺得懊悔萬分，鬱悶難耐。

後來不曉得過了幾小時，我又撥了一通電話給母親。母親像是沒發生過任何事情似的回應：

「嗯，女兒，怎麼啦？」

我的天，聽到母親用這種若無其事的嗓音接起電話，我更是心痛不捨。在一陣猶豫不決後，我感覺還是要說點什麼，沒想到竟脫口而出一句毫不相干的話：

「妳吃飯了嗎？」

母親覺得我有些怪異，回答：

「妳是問午餐嗎？還是指晚餐？」

我看了一下時間，正好是下午四點整。母親似乎察覺到我的尷尬，繼續回答：

「午餐老～早就吃飽了，晚餐的話時間還早呢。怎麼啦？剛才凶完我一頓，突然又良心發現了嗎？」

這人也真是……非要戳人家的痛點。

「媽，對不起。」

最終，我還是把該說的話說了出來。然而，母親繼續一副若無其事的樣子，彷彿也不是多麼想聽到這句話似的。

「反正這又不是頭一回了，我很忙啦，趕快去吃妳的飯吧！」

聽到母親那句「趕快去吃妳的飯吧」，我差點笑出來，好不容易才忍住。直到剛才還在向我追究是指午餐還是晚餐的母親，竟然又在催我去吃飯。

神奇的是，掛上這通電話以後，原先彷彿被兩顆大石頭壓得喘不過氣的內心，以及頭痛欲裂的問題頓時全消，我不禁噗哧一笑。最終，我完全忘記自己本來在氣什麼，可能其實早已氣消，抑或是壓根就沒什麼好氣的。

我和母親屬於即便不明說，也有默契的那種關係；儘管劈里啪啦說出一堆壓抑已久的不滿，彼此也會願意默默聆聽的那種關係；世上最能理解卻又最難理解的那種關係；所以有時更容易因為彼此而受傷，聽見對方不經意脫口而出的樸實安慰，反而更揪心、更感動的那種關係。

這是屬於我們的和解法。用這種方法和好最有效果的我們，是以母親和女兒身分相遇的母女關係。

即便不明說，也有默契的那種關係；

儘管劈里啪啦說出一堆壓抑已久的不滿，

彼此也會願意默默聆聽的那種關係；

世上最能理解卻又最難理解的那種關係；

所以有時更容易因為彼此而受傷，

聽見對方不經意脫口而出的樸實安慰，

反而更揪心、更感動的那種關係。

我們是以母親和女兒身分相遇的母女關係。

都市出生的鄉村女子

猶記在我專心攻讀連續劇的那段期間——約莫一個月左右——我為了編寫劇情簡介而待在鄉下老家。因為實在沒有自信能抵擋得了城市裡的諸多誘惑，我便毅然決然打包回家當宅女，感覺如此才可以專心寫作，暫時擺脫朋友或各種需要煩惱操心的事情。然而，也不知道是怎麼回事，在鄉下待了半個月以後，我反倒變得非常難專注，出現一種「鄉下怎麼會這麼悶」、彷彿被囚禁在一座透明監獄裡寫作的感覺。好不容易安撫好浮躁的心，坐在筆記型電腦前，卻一個字都打不出來，兩眼無神地直盯著電腦螢幕放空發呆。母親看我這個樣子，似乎察覺到我的不對勁，主動上前關心。

「在這裡待久了很悶吧？還是回首爾吧。」

聽聞母親這麼一說，我的內心彷彿被人疏通，直接張開雙臂，向後仰躺，姿勢呈現大字形。

「是啊，我好像真的沒辦法在這裡待超過半個月。媽，這裡什麼都沒有，妳到底是怎麼在這裡生活的啊？」

母親似乎也深有同感。

「是啊，我當初也以為自己無法在這種地方生活，沒想到一待就超過二十年。」

母親的故鄉在首爾松坡區，身為首爾出生的都市女子，她不僅鮮少離開首爾，也十分喜愛首爾。那裡不僅是她從小生長的故鄉，她喜歡的事物也統統都在那裡，包括朋友、孩子、外婆，以及她最愛的霓虹燈。

母親曾說，她只要看著傍晚街道上，店家紛紛亮著五彩繽紛、七彩斑斕的霓虹燈，自然就會有好心情。因為這些比夜空中的繁星還要熠熠生輝的霓虹燈，可以將一片漆黑的夜晚徹底照亮，塑造一座不夜城。然而，晴天霹靂般的事情降臨到了母親身上；她不僅要離開首爾圈，還要搬到與首爾呈對角線、遙遙相望的慶尚南道河東郡（後來搬到尚州）過生活。而母親自那天起，便每天多了一份憂愁與擔心，也多一聲嘆息，像孩子般每晚啼哭，抱怨著自己真心不想去鳥不生蛋的鄉下。

母親之所以會移居鄉下，其實有九成是為了配合父親，而非出自己願。因為父親當年的心願是在鄉下蓋一棟屬於自己的房子，靠著種田度過晚年，正好在那時，經營烤肉店的母親身體也開始每況愈下，於是父親心想，反正再過幾年本來就打算帶母親住鄉下，不如計畫提前，也可以順便讓母親休養調理身體，便帶著有些期待、雀躍的心情準備歸農。然而，母親卻在當時變得愈來愈憂鬱。身體上的疼痛只要到醫院接受治療即可；做餐飲業雖然辛苦，但只要休息一陣子就能捲土重來；唯有母親的煩惱日益加深，因為她也無法拋下辛苦安排這一切的丈夫不管。父親則與母親正好相反；他受夠了都市生活，甚至感到厭倦。因此，這件事情對於從未體驗過鄉下生活的母親來說是人生重大決定。最終，她下定決心：「算了，那裡也是人能住的地方，總不可能活活餓死吧？」便伴隨先生一同前往她原本極度討厭的鄉下。

數月過後，母親與父親結束了都市生活，搬到毫無淵源的慶尚南道最南端生活。母親帶著忐忑不安的心去到鄉下，最初還告訴我，那裡比她想像中不錯，空氣也很好，每到早晨還能聽見鳥鳴。問題是在那裡生活一個月後，她就再也忍受不了了。

首爾出生的都市女子，整日要與從未親手摸過的泥土為伍，每晚還要受困在一片漆黑當中；在沒有任何朋友的陌生之地生活，且未來也將持續過這樣的生活——這一切的一切，對於母親來說都是需要莫大勇氣的事情，也開始壓得她喘不過氣，隨即懷念起都市的燈火通明。

就在她歸鄉後約莫三個月左右，電話另一頭傳來母親凝重低沉的嗓音，感覺好像已經耗盡所有精力，整個人虛弱無力。

「女兒，拜託妳帶我回首爾吧……」

「媽，妳怎麼了？」

母親發出兩聲抽泣。

「我想看霓虹燈……」

掛上那通電話以後，我打給父親，確認母親當時的狀態。他表示母親似乎罹患了憂鬱症，並拜託我在母親找回身心安定前，陪她在首爾生活一段時間。在那當下，我感受到內心微微刺痛，宛如出現裂痕般感到陣陣酸楚。

隔天，我出發前往這片半島的另一頭末端——父母所在的鄉下老家。抵達之後，我沿著蜿蜒曲折的山路進入山中，再走得更深入，正當我懷疑到底有沒有走錯路、何時才會出現房子、這個村是否真有人居住時，遠處山頭上出現了父母的房子。我把車停在院子裡，才剛走下車，母親便打著赤腳從屋內衝了出來，緊緊抱住我，歡喜迎接女兒的到來。我的天，這真的是我母親嗎？她原本就是這種會打著赤腳、熱情迎接女兒的母親嗎？我看著母親的臉龐，原本白皙的肌膚已曬成古銅色，臉頰也有明顯凹陷，可見吃了不少思鄉之苦。看見母親消瘦的模樣，我忍不住眼淚潰堤。

「媽，妳怎麼瘦這麼多？每天都有按時吃飯嗎？」

母親幫我擦拭淚水。

「我哪裡瘦了，妳才是真的太瘦。大老遠從首爾過來很累吧？妳爸怎麼把我從首爾帶到這麼遠的地方……我啊，每次只要想到住在首爾的日子，就會覺得已經是非常久遠的事情，也感覺那裡好像離這裡有千萬里遠。」

從首爾到這裡的車程總計五小時，母親卻說這段距離彷彿有千萬里之遙，看來比起物理上的實際距離，內心距離讓她感覺更加遙遠。那瞬間，母親看起來就像個小女孩一樣。

父親站在後頭默默望著我們，開始幫母親把行李放進後車廂裡。

母親似乎對於獨留父親一人在鄉下感到過意不去，遲遲捨不得上車離開。最後，我們好不容易坐上車，一同北上首爾。車子尚未完全駛離鄉下小路時，她還不停回頭張望獨自留在原地的父親，但是等到車子開上高速公路以後，母親的狀態就逐漸回穩。

那天傍晚，母親在睽違三個月才終於見到的霓虹燈前，露出了燦爛笑容。母親說，這樣的景象她絕對不會忘記，可能比初戀還要難忘、還有感情。我看著像孩子般雀躍不已的母親，忍不住笑了出來。

母親目不轉睛地欣賞一盞又一盞霓虹燈，暫時忘卻鄉下的農村生活，重新變回首爾女子。後來，母親在首爾生活了半年左右，某天突然主動向我開口說要重回崗位。她覺得自己的狀態變好很多，在我看來也和當初沒做任何準備就同意丈夫圓夢、前往鄉下的模樣不太一樣。如今的她，比較像是出於己意而選擇重返鄉下。待在首爾的這半年，對於母親來說也許是一段蛻變成鄉下女子的準備期也不一定，讓自己變得更健康、更堅強。

一轉眼，距離當時也已事隔二十多年。如今儼然成為鄉下歐巴桑的母親，會一邊舉起雙手作勢旋轉，一邊喊著：

「閃閃亮亮，我還是好喜歡霓虹燈。」

媽媽偶爾也想出去吃飯

有一句話，是周遭已婚人士經常會說的：

「世界上最好吃的飯，是別人煮給我吃的飯。」

然而，我的母親例外，她不僅喜歡煮飯，還認為看著別人將自己親手煮的料理送進口中時最為幸福。比起被人餵食，她更享受餵食別人。總之，享受烹飪的母親手藝很不錯，簡直是一流的水準，就連比較挑嘴的客人來我家吃飯，都會好吃到要續加白飯。因此，母親只要看見自己煮的菜擺在餐桌上，想像著大家吃個精光的模樣，就會滿心期待，暗自竊喜。

母親的好手藝不僅為許多人帶來喜悅，更為父親帶來極大快樂，因為母親做的菜好吃到完全不需要外食的程度，畢竟她煮的食物比外面多數餐廳還要好吃。當然，我相信正在閱讀這篇文章的讀者朋友一定會有人認為，怎麼可能會有人說自己母親煮的食物難吃，但她的手藝出眾絕對是不爭的事實，畢竟她過去有經營烤肉店的經驗——雖然開餐廳也並非人人煮的都好吃，但是不可否認，當時有許多客人會為了我母親煮的料理遠道而來。基於這些理由，母親一直很享受為父親準備一桌飯菜的時光，樂此不疲。

然而，就連如此樂於煮飯的母親，每年也會有一段時間痛苦到直喊「煮飯是比死還要討厭的事情」，也就是在六至十月，那四個月左右。

每到水蜜桃圓潤熟成、葡萄也粒粒飽滿的季節，母親真的會忙得不可開交，不，應該是忙得焦頭爛額、昏天暗地才對。從凌晨三、四點開始採摘、篩選水蜜桃，然後裝箱、打包，再將其分類成自產自銷平臺和民眾預約訂單，進行運送及宅配，所以忙到沒時間吃飯是常有之事。直到實在沒有體力幹活時，為了迅速果腹，也只能隨意吃個杯麵配泡菜，頂多再加一碗冷飯泡杯麵的湯來吃，每天就是過著這樣的日常，好好準備一桌飯菜變成非常困難的事。

猶記某個炎夏時節，當時正值果實採收期，母親突然打了一通電話給我，用充滿厭倦的口吻說：

「妳爸到底為什麼要這樣啊？」

面對這句沒頭沒尾的抱怨，我問：

「爸又怎麼了？我都快熱死了，做什麼事都提不起勁，妳怎麼還有力氣生這麼大的氣啊？」

「是啊，妳說得正好，大熱天做什麼事都提不起勁！結果呢，要壓榨我好歹也要給我一些甜頭吧，就連機器運轉不順的時候都會重新抹油了，難道我連個機器都不如嗎？」

事情的始末是這樣的：果園裡的工作十分辛苦，這種日子也持續了好幾天，兩人早已吃膩杯麵，所以母親提議一起去吃燉排骨，順便可以難得約個會，也幫疲勞過度的身體進補，卻慘遭父親無情拒絕。父親表示，就算吃杯麵也無所謂，只要是老婆煮的、在家裡吃的就最好吃，幹嘛去外面吃什麼燉排骨。之後的事情不用母親多說，我也可想而知。

「你就那麼喜歡壓榨我啊？壓榨不成就渾身不舒服嗎？既然你那～麼喜歡吃杯麵，就自己吃個夠吧！從現在起，你要是敢再叫我煮飯試試看。」

母親氣炸了。

父親這才意識到，這是母親發出的爆炸聲響，連忙更衣準備出門，哄著她一起去餐廳吃燉排骨，但母親的心早已受傷。

母親發完牢騷以後，說自己已經餓了一天還滿肚子氣，請我幫忙叫一份炸雞外送。那天，我遠端叫了兩隻炸雞送到鄉下老家。

一小時過後，母親再次打來，告訴我她正和父親一起享用那兩隻炸雞，兩人已經和好。她說自己只是需要這種簡單的外食，卻被資質愚鈍的老公搞得滿肚子氣，還說女生其實真的會為小事而感動、開心、幸福，為什麼偏偏男生就是不懂，還一定要人家說出來才知道。我聽見父親在一旁喊著：「女兒啊～謝謝妳喔！」看來母親早先的滿腹怒火已經被這兩隻炸雞平息。

還記得一位膝下育有兩子的前輩曾說過，媽媽們煮飯煮得最心酸的一天，就是生日當天還要吃自己煮的海帶湯。就算不經常外食也無所謂，只要一年四天，固定每三個月去餐廳用餐就好，省那幾餐的錢又不會變成大富翁，也不是過分奢侈或過度揮霍。先有人才有錢，絕對不是先有錢才有人。對媽媽們來說，外食不單只是用餐，而是暫時卸下母親身分，回到普通人。所以外食一次的效果，真的會為人生帶來極大價值。

這讓我馬上想起那天的兩隻炸雞。母親像個從未生過氣的人似的，一邊吃著炸雞，一邊與我在電話中有說有笑。我不禁心想，說不定那兩隻炸雞也為母親的人生帶來了那般價值。

看來不只炸雞，偶爾也要帶母親去那種燈光美、氣氛佳的餐廳用餐才行。

對不起，女兒什麼事都做不了

一大清早，惱人的手機就響個不停。半夢半醒間，我閉著眼睛用手四處探尋，好不容易摸到手機、接起電話，是母親。

「女兒，還在睡嗎？」

一種不祥的預感頓時使我睡意全消。

「沒有，我醒了。怎麼了，有什麼事嗎？」

「沒有啦，就只是天氣熱，覺得累吧。」

呵呵，這位老太婆想騙誰，明明說話嗓音充斥著「我現在對某件事超~不爽」的氣息，甚至還傳到話筒這一頭來。

「幹嘛啦，明明就有事，到底怎麼了？」

電話那頭一聲不響，我猜她的狀態十之八九一定是在哭。

「幹嘛哭～怎麼啦？」

母親抽泣著，用類似浸泡在水中的嗓音說道：

「水蜜桃……價格暴跌……」

原來水蜜桃來到史上最低價。

「我和妳爸整晚都沒闔眼，根本睡不著覺。」

「水蜜桃？不是說這次要以禮盒方式販售嗎？」

「是啊，但是一盒居然連一萬韓圓（約新臺幣兩百四十三元）都不到，就算賣一百盒也只有三十萬韓圓（約新臺幣七千兩百六十四元）。」

「只有我們家的水蜜桃這樣嗎？」

「不是，樓上、樓下、左鄰右舍都這樣。現在大家哀鴻遍野，說連付人力費用的錢都不夠，今年都要負債吃土了。」

母親說到哽咽，又開始淚流不止。腰部手術開了整整四次、忍受著炎炎夏日的豔陽高照，吃了那麼多苦，竟然連付人力費用的錢都賺不到。她不明白怎麼會發生如此悲慘的事情。我聽了許久，忍不住說出埋藏心底已久的話。

「媽，要不要乾脆和爸一起把那邊收拾收拾，回來首爾生活？」

「去首爾要靠什麼維生？」

「不可能找不到事情做吧。那些農活就算了，別做了，我希望你們可以搬過來，真的。」

母親的腰椎間盤突出問題反覆發作，且疼痛範圍愈漸擴大，肩膀韌帶還脫臼，導致許多時候無法好好使用手臂。即便如此，她卻仍堅持要做農活，甚至連去醫院看病治療的時間都一延再延。她說自己因為全身痠痛而睡不好，我勸她趕快去醫院接受治療時，她也總是回我：「女兒啊，我現在沒辦法去看病，要等事情做完才能去。」那是母親如此忍痛堅持、悉心呵護才得出的果實，拖著不舒服的身體、用全身汗水創造出來的果實。然而，那份辛苦不僅得不到合理的報酬，還可能面臨舉債危機。費盡千辛萬苦培養出來的果實竟得不到應有的價格，世上還有什麼比這件事更讓人無語？

「我就只是……找不到訴苦的對象，又鬱悶，然後想起女兒，所以才打這通電話給妳。」

面對母親這番話，我也只能提醒她和爸要按時吃飯、好好休息睡覺而已。

掛上電話以後，我為了一掃沉重的心情而去洗澡，卻突然想起曾經發生過的一場大白菜暴動。當時由於白菜價格暴跌，農民們怨聲載道，甚至一氣之下摧毀農田，直接進入休耕狀態。當時我其實無法全然理解農民們為何如此情緒激動，也不明白他們的鬱悶與憤怒，以及癱坐在親手摧毀的田中央放聲痛哭的心情。

此時此刻，母親的心情又會是如何呢？想必是看著那些不忍心摧毀的果實，勉強保持鎮定吧。面對那些變得一文不值的血汗果實，只能用哭著吞芥末的心情，默默嚥下傷心欲絕的眼淚吧。

在種種情況下，很少有事情是我可以幫得上忙的。不，應該說，我能為媽做的事情還真的是一件都沒有。直到那時我才第一次感受到，原來無能為力是這種感覺，心中會一直有個疙瘩，也有類似自責或剝奪的感受，使我坐立難安。一直想為母親做點事情，想盡一份力，但是……

最後，我重新撥了一通電話給她。

「李女士，打算何時來首爾？」

「我下週正好要北上一趟，因為外婆說她需要水蜜桃，宅配費用太不划算了，想說乾脆自己送過去。怎麼了？」

「爸呢？不一起過來嗎？」

「妳爸？不知道，也有可能不去。幹嘛老是追問啦？」

「我想請你們吃頓飯，務必要一起來喔！重新打起精神來啊，李女士。」

母親聽聞我那充滿能量、為她加油打氣的嗓音，噗哧一笑。

聽聞她的笑聲，不知為何，我也變得可以重新抬頭挺胸，握緊拳頭。

後來，母親脫口而出的一句話，在我心中引發深層迴響，久久不能自已。

「謝謝妳啦，我的寶貝女兒。」

愛很多或恨很多

當時是和母親連續吵架兩天過後。其實細究之後發現都是一些沒必要爭吵的小事，不禁有些懊悔，也想把沒能控制好情緒、再次對母親發火的自己痛打一頓。

這樣也氣，那樣也氣，生氣到內傷、心情差、心理受傷，到底為什麼只要和母親湊在一起就會劍拔弩張、相愛相殺？是天下所有母女都是如此，還是只有我和她會這樣？那是個思緒紛擾的一天。

在一連串情緒消耗、思緒消耗、能量消耗下，工作也難以聚精會神，我那天真的很想直接把手機關機，不與任何人交談，只想獨自一人靜一靜，於是打算工作行程結束後直奔家中，洗個熱水澡，好好睡一覺。因為這種日子只要有人稍微挑動我的敏感神經，我就會大發雷霆，一發不可收拾。

然而，凡事豈有可能盡如人意——真不曉得什麼時候有事情順過我意了。工作行程結束後，正當我拖著疲憊的身心走回家時，我的摯友剛好打電話來。

「在幹嘛？」

嗯……我現在在幹嘛呢？啊，拖著有如棉花吸飽水般的沉重身體，還有比那更沉重的腦袋返家。

「我喔……我正在回家的路上。」

朋友興高采烈地回應：

「是喔，那今天跟我一起吃晚餐吧！」

「為何？有什麼事嗎？」

「就只是覺得有點煩悶。」

看來她和我的心情差不多。既然如此，那就和處境類似的朋友一起吃個飯、聊聊天似乎也不錯。

「好吧，我也差不多，甚至更糟……超想躲進地底下從此消失。妳想約哪裡？」

朋友說道：

「心情鬱悶的日子當然要吃辣燉鮟鱇魚啊！前陣子我才發現一家專賣店，超級好吃！」

排解鬱悶心情的辣燉鮟鱇魚……我想到這剛好也是母親最喜歡的一道料理，發出了若有似無的笑聲。

母親從以前就非常喜歡吃辣燉鮟鱇魚，但其實她平常不是很愛吃海鮮，因為她覺得海鮮都有一股腥味，唯獨辣燉鮟鱇魚是她難得喜歡的海鮮料理。心情好時會因為開心所以想吃，心情鬱悶時會因為適合配燒酒所以想吃，壓力大時因為可以放鬆心情而吃，和朋友難得聚餐時則因為價格不貴，所以可以毫無負擔地吃個盡興。總而言之，母親真的非常喜歡這道料理。

或許母女倆口味也會逐漸相近，我跟著母親吃過一兩次之後，也漸漸喜歡上這道料理。

朋友推薦的辣燉鮟鱇魚專賣店是前不久攻占各大媒體的口碑名店，可能因為距離晚餐還有一段時間，店內人潮沒有想像中那麼多。入座後，我們點了這間店最有名的辣燉鮟鱇魚。

不久後，一大盤豐盛的辣燉鮟鱇魚和一大碗蛤蜊湯占滿桌面。要是依照平日的胃口，我一定是食指大動、筷子停不下來，但是這天不知為何，看著美味可口的餐點近在眼前，卻不免有些難過惆悵，彷彿有個熱呼呼的東西一直在心臟周圍徘徊，對於母親的思念也愈漸加深。

為了盡快擺脫這樣的情緒，我夾起一塊鮟鱇魚放入口中。的確美味，明明非常好吃，但，尾段猶存的一股苦韻，究竟是什麼……

母親現在應該也會想吃這盤香辣美味的辣燉鮟鱇魚吧！和女兒大吵完一架後的心情自然是不會好到哪裡去。

「我媽很喜歡吃這道菜。」

面對我這句沒頭沒尾的發言，朋友問道：

「怎麼？想媽媽啦？」

「這是在想她嗎？可是我和她吵架吵兩天了。」

朋友將口中的鮟鱇魚咀嚼完吞下，呵呵笑了。

「母女好像本來就會這樣，其實我也剛和我媽吵了一架。」

也許是朋友的話起了安慰作用，不知為何我也跟著笑了出來。兩人像是找到共鳴點似的，開始滔滔不絕分享起自己和母親的故事。

我們抱怨著，明明應該是世上最要好的關係，有時卻像關係最遙遠的人；再怎麼處不來也沒料到會如此不和；既然無法改變母親，不如試著調整自己；今天先吃飽，等心情好一些明天再向各自的母親道歉；不過為什麼每次都一定要女兒先低頭認錯，真是不解；明明口口聲聲說愛我們，卻好像更在乎輸贏……

和朋友聊完以後，我找到的答案是：最終，母女關係就是又愛又恨的關係，不是愛很多，就是恨很多，到死為止都會是如此。

那天，我吃了世上最苦澀的一盤辣燉鮟鱇魚。難道是因為以母女之名互相傷害的那些傷痕所致？

我看明天要趕快先向母親認錯道歉才行。要是一直帶著這樣的心情吃東西，不只是辣燉鮟鱇魚，人生所有滋味應該都會變得苦澀。

於是我在心中暗自留下一段屬於自己的字條。

/

媽，既然妳平常都不跟我計較了，

今天就請再多擔待一天吧。

畢竟我也是人，要我現在立刻道歉還是不太容易，

因為我的心也傷痕累累。

不過我知道，過了今天以後，我們又會一如既往地重修舊好，

然後某天可能又會吵得不可開交，

因為這就是妳和我的關係。

但有一件事我希望妳還是要知道——

妳的女兒，真的是非常地、深深地愛著妳。

到底為什麼母親和我只要湊在一起就會

劍拔弩張、相愛相殺？

難道天下所有母女都是如此，

還是只有我和她會這樣？

和朋友聊完以後，我找到的答案是：

最終，母女關係就是又愛又恨的關係，

不是愛很多，

就是恨很多，

到死為止都會是如此。

4

或許是第一次好好看著母親

媽媽比花還美麗

某天，因為教會有活動，大夥一早就在包紫菜飯捲。當時我一邊包著飯捲一邊和傳道士閒聊，結果聊著聊著，話題不知不覺聊到了母親，最後傳道師說：「其實到頭來會發現，自己對母親的了解並不多。」

於是，那天我回到家，便試著將自己知道的、有關母親的一切寫了下來。

姓名：李熙婷

年齡：五十代後半

專長：煮飯

性格：情緒化、眼淚多、感性、心直口快、喜歡動物……

職業：農婦、家庭主婦、母親
摯友：三十年知己——潤慈阿姨
喜歡的事物：？？？

我一邊想著母親，一邊寫下關於她的描述，但是寫到「喜歡的事物」就打住了。母親喜歡的……她喜歡的……我媽喜歡什麼？我思考許久，卻想不出任何答案。正當我眉頭緊蹙，努力回想之際，突然靈光乍現，想起母親喜歡花的事實。

每逢春天，母親就會拍果園裡盛開的水蜜桃花。初夏拍花圃裡爭奇鬥豔的牡丹花，炎炎盛夏拍葡萄花，秋天則是拍滿山滿谷的楓葉，冬天拍掛在果園樹枝上猶如花朵盛開的霧凇，每天將這些照片或影片傳到家人群組。

每每收到母親傳來的照片，無論當天遇到多麼不順心的事情，都能看著那些美豔花朵獲得安慰。而每次母親傳照片來的時候，附上的第一句話都是：

你們看這些花，超美的吧～

那句「超美的吧～」簡直就是少女口吻。我一想到她面帶燦爛笑容、對著盛開的花朵按下手機快門，就會不自覺嘴角上揚。

花都開了呢，超級漂亮的。
孩子們今天也要看著這些花，好好加油喔～

擔心遠在不同城市的孩子們會不會過著煎熬漫長的一天，而以絢麗的花朵來傳遞如花般的安慰；我可以如實感受到母親的那份心意，希望我們在她察覺不到、照顧不到也看不到的地方，能度過充滿快樂的一天。
因此，凡是收到花朵照片的日子，我就會自動打開內旋的肩膀，就連原本內縮的胸膛也會重新挺起，彎腰駝背的身軀變得直立挺拔，感覺彷彿全身被花香環繞包覆，緊繃僵硬的身體得以放鬆、找回安定。

我的母親非常喜歡分享，不論是物品還是好消息，她是個就算把自己擁有的珍寶分送給周遭所有人，也會洋溢幸福笑容的人。不論自己吃多少虧、多少苦，也寧願選擇施比受更幸福的那種人，這就是我的母親。

母親的這份心意對孩子們尤其明顯。儘管進行過多次腰部手術，她始終堅持要自己醃泡菜；當我主動說要幫她提重物時，便會以「我來提就好，妳別提重物」一口回絕，獨自拎著大包小包走在前頭；每當我領到薪水、想買個東西送她時，她什麼都嫌貴，嚷嚷著是女兒犧牲吃飯和睡眠時間掙來的辛苦錢，所以不僅不肯花，甚至掏出自己的零用錢給我；任何只要是最好吃、最營養或最昂貴的東西，都會忙著先塞進女兒的嘴巴裡。

認為施比受更幸福的母親，比起緊握手裡的東西不放，往往是直接攤開雙手給別人看。喜歡對周圍的人伸出援手，得知有人生活艱困，便會主動邀請對方來家裡吃飯，藉此機會與他人進行情感交流。

擁有這份善心的母親，喜歡和家人或周圍的人分享美好事物的母親，是名副其實的人美心善，人比花嬌。

擔心遠在不同城市的孩子們會不會過著

煎熬漫長的一天，

而以絢麗的花朵來傳遞如花般的安慰。

我可以如實感受到母親的那份心意，

希望我們在她察覺不到、

照顧不到也看不到的地方，

能度過充滿快樂的一天。

迎接猛烈的後少女期

外婆為了見遠在鄉下的女兒，一大清早就開始不停忙活，準備了一堆東西，大包小包的，冰箱門開開關關數十次。十天前就從南大門採購回來的痠痛貼布、各種藥品，還有換洗衣物……真的是什麼東西都塞進行李袋裡。我坐在客廳沙發上，目不轉睛地盯著外婆的一舉一動，最終還是忍不住說了一句：

「劉女士，妳帶那麼多東西幹嘛～這樣最好提得動啦，真是的。」

「哎唷，妳這丫頭少囉嗦！用拖的也好，扛的也好，我會自己想辦法帶走的。」

被外婆訓斥一頓以後，我只能重新當個充耳不聞的旁觀者。

後來不知道過了多久，外婆的打包行動貌似終於要進入尾聲。我看著思索物品有無帶齊、進行最終確認的外婆，不禁莞爾，心想：「要去女兒家就這麼開心嗎？」因為外婆的樣子簡直就像要去遠足的少女，也像滿臉羞澀的年輕小姐。

我看她準備的那些行李實在有點多，提議開車送她去找母親，但她堅持：

「咖啡廳車廂多棒啊！我要搭有咖啡廳的列車南下。」

最後因為實在拗不過她，只好和她兩個人一起拖著、扛著那一大堆的行李搭上火車。我看著如願搭到咖啡廳車廂，一邊喝咖啡，一邊吃香腸串，宛如孩子般興奮不已的外婆，不禁慶幸自己做了對的決定。比起沉悶狹小的汽車，搭火車還是比較合適。

時逢炎夏的母親忙得不可開交、汗如雨下，連好好向外婆和我打聲招呼的時間都沒有，就重新往果園裡走去。外婆將行李一一打開，整理堆放到一旁。不久後便聽見玄關門前有人在接連嘆氣，以及將身上的泥土拍去的聲響；那是母親回到家的聲音。母親片刻不得閒，一回到家就立刻先去洗澡，然後開始洗米煮飯又熬湯。外婆看著如此馬不停蹄的母親，用隱約故意說給她聽的音量，對著我小聲地說：

「真不知道妳媽到底在忙什麼，明明年輕未婚的時候就跟個新生兒的屁股一樣，軟嫩軟嫩的，完全就是個傻白甜。」

這是外婆看著幾乎已成鄉下務農狂的母親經常說的話，這次她乾脆把母親叫住，念了她一頓。

「妳還年輕，怎麼會把臉搞成這樣？女人還是要打扮一下，下田的時候都沒先塗防曬嗎？」

外婆接著從包包裡掏出防曬乳和營養霜，推到母親面前。母親一開始還有些錯愕，連忙用手撫摸確認乾燥的臉頰，然後注視著眼前的防曬乳和營養霜，突然情緒激動地哽咽哭泣，開始將深埋已久的滿腹委屈統統吐了出來，邊哭邊說：

「媽，妳以為我不想嗎？我每天凌晨四、五點起床，和那片田奮鬥一整天，然後回到家就會變成軟爛的蔥泡菜，全身癱軟無力，忙著打鼾。

結果妳還要我做什麼？打扮？我也實在是受夠了這鳥不拉屎的鄉下！」

母親哭得一把鼻涕一把眼淚，用雙手大略擦了兩下臉龐，便出門抽菸去了。現場目睹這一切的我實在太驚愕，決定先觀察外婆的反應。

外婆低語呢喃：

「唉，我這老太婆又多嘴了，又讓女兒心煩意亂。都說人愈老愈討厭，根本就是在說我。」

然後便拿著防曬乳和營養霜往母親的梳妝臺方向走去。

我其實不能理解，這明明就是個無傷大雅的小事。外婆純粹只是心疼女兒在鄉下過得辛苦，想要給予安慰而已，甚至還特地帶了她自己根本不會用的防曬乳來送她。母親嚎啕大哭的聲音從外頭傳來，究竟是什麼事情讓她如此委屈難過？

母親哭了許久，宛如積怨已深的女子在放聲痛哭。等情緒好不容易平復，才帶著一雙哭到紅腫、睜不開的泡泡眼重回屋內，然後再一副若無其事的樣子走到外婆身邊，主動搭話閒聊，而外婆也不計前嫌，一臉沒發生過任何事情的樣子回應著母親。

最近母親只要碰到一點小事，就會出現很大的情緒起伏，難以控制。光是吃個飯、和朋友小酌幾杯，也會突然哭成淚人兒，有時還會情緒激動到像待嫁新娘一樣臉頰漲紅。母親這樣的病名叫做更年期，比青春期、中二病還要猛烈。

我想，也許母親現在是在更年期的名義下，重新回到最純粹的時期也不一定。想哭就哭，想生氣就生氣，想討安慰時就打電話給女兒或媽媽，一聊就聊一兩個小時，聊個痛快。

我的母親或許正值最猛烈的後少女期。

放棄了自己的時間

一大清早，我就接到弟媳的電話。她說話的嗓音夾帶著某種憤怒與委屈，還有隨時都將潰堤的哽咽聲，以及早已心灰意冷的淒然感。

每當弟媳呈現這種狀態時，我都只會有一種反應——一語不發，當個稱職的聆聽者。

「姊，到底為什麼！為什麼只有我一個人承擔這一切？」

弟媳劈頭就脫口而出這句話。

「我實在不曉得為什麼只有我做這些事。姊，難道因為我是媽媽，就要一個人扛下全部嗎？如果是這樣，做媽媽也太命苦了吧……為什麼因為我是媽媽，就被迫放棄這麼多事情？」

已經厭倦透頂、這份無期限的合約到底要履行到什麼時候、實在好想放下一切遠走高飛、好希望能把自己徹底隱藏起來……弟媳表示此時此刻的她真的非常想放棄，要不是因為有小孩，真的很想選擇撒手不管。我可以感受到她說這番話時充滿著世間的各種悲傷。

那天，弟媳向我傾訴種種身為女人的委屈，諸如此類：雖然懷孕生子時的喜悅是無可取代的，但每次從鏡子裡看到自己的身形不如婚前，真的會對自己感到很沒自信，反觀先生則彷彿日益年輕，所以只要夫妻一同外出，就會不斷有這種感受。然而，丈夫不僅毫無察覺，甚至連續飲酒多日，早出晚歸。看著如此白目的丈夫，不僅火冒三丈，甚至很想痛扁他一頓。另外，面對總是只喜歡找爸爸的孩子，為了創造難得的父子時光，不論怎麼三催四請、叫丈夫帶孩子去親子館，他還是只會呼呼大睡，怎麼叫都叫不醒。看著如此懶散的老公，真的會氣到腦袋開花。還有孩子日漸長大，但是好像只有自己在煩惱操心各種問題。看著對朋友而言很重義氣的老公，不禁覺得像個長不大的屁孩，只想給他呵呵兩聲；畢竟自己若要見個朋友，還得要看這個臉色、那個臉色、各種臉色，兩三個月才好不容易有一次機會赴約。但是看著時時刻刻都可以自由運用時間的丈夫，往往內心還是會一沉。（雖然我弟偶爾會做出一些不懂事、不貼心的舉動，但還是想在此澄清，他也不是只會讓弟媳傷透心的那種惡質老公。）

吐完一連串苦水的弟媳，最後說了這麼一句：

「姊，我也好想休息。」

聽著弟媳述說自己身為母親的日常，我對於自己難以切身體會唯有母親才得以感同身受的孤單與難過，感到很是惋惜，內心一隅也有些酸楚。就在這一小時的通話過程中，我不禁回首母親的一生。

母親在自己也還涉世未深、懵懵懂懂的年紀就當了媽，為了成為稱職的母親而盡心盡力度過每一天。只要賺到錢就一定優先用在孩子身上，而不是花在自己身上；聚會吃到好吃的東西也一定第一個想到家人，甚至會因此感到自責；想買漂亮衣服會習慣性地先確認標價再做決定——她已經很久沒穿過昂貴的衣服，反而更習慣用那些錢來採買食材，將冰箱填滿，餵飽家人的肚子；比起和朋友們話家常，跟著電視劇主角們一起笑一起哭的時間更多；一大早睜開眼睛，雖然有時也會想賴床，但只要想到會因此耽誤到家人吃早餐，就會連忙起身準備，連睡懶覺的自由都沒有；每當家族全員出動到鄉下老家集合時，母親就會整日忙於煮飯，沒有一刻坐下來休息，等家人都各自返家後，又要忙著將有如颱風過境般凌亂不堪的屋內收拾乾淨。

回想母親度過的這些歲月，我不禁鼻頭一酸。雖然對於母親來說，那段時光是和家人一同度過的，所以彌足珍貴，但說不定其實也是殘忍嚴酷的日常。

因為身為母親，所以不得不放棄的那些日子，當時的母親有辦法承受嗎？自從她成為母親以後，便逐漸不再花時間在自己身上，甚至直接拋棄屬於自己的時間也無所謂的感覺。她說不定還認為，只要有時間能花在孩子、丈夫、家人身上，就已經彌足感恩，值得欣慰。

然而，她這一路走來怎麼可能沒有動過想要放下一切的念頭呢？怎麼可能從未有過想要拋下所有的欲望呢？她一定也曾想過把洗碗、打掃等家務事暫時擱下，讓自己擁有幾天時間，全然做自己喜歡的事情、去想去的地方，不用顧慮誰的喜好，純粹以個人的意志盡興，擁有一段徹底屬於自己的時間，好好休息。只是儘管巧遇這樣的瞬間，她也會立刻意識到母親的責任；唯有如此，才能在為人母的漫長旅程中繼續生存。

母親至今依然會為了把自己所剩無幾的東西分享出去，而心甘情願伸出手——

讓我們知道，要是覺得辛苦就抓住她的手，那麼便會發現，這些事也沒什麼大不了的。

思念的日子，想見面的日子

每個人都有屬於自己的、特別的瞬間與記憶。好比第一次約會、結婚紀念日、經歷過數十次淘汰後好不容易面試成功的公司、和心儀對象一起看電影的那天、碰巧遇見想念已久的人，以及某些離別與開始等——無數個「特別」存在於我們的一生當中。

母親的特別之日，是撫慰思念的日子，我還特地為此取了個暱稱，叫做「撫慰思念之日」。因為母親有個習慣，每次只要思念某人的時候就會下廚煮飯。當這份思念非常濃厚時，母親會燉煮氣味濃郁的大醬湯或辣爽的魷魚湯；而當思念之情遲遲無法消散、整日跟隨母親時，她就會烤彈牙可口的豬皮或辣拌明太魚乾，做一些需要特別費力咀嚼的小菜。有時和遠在不同城市的子女們通電話，聽聞孩子們說話的嗓音有氣無力，想要一個箭步飛奔過去給他們擁抱安慰時，就會用老泡菜和豬肋排燉一鍋久煮入味的老泡菜辣燉豬肋排。母親很喜歡做菜，她會透過料理來舒緩複雜微妙的諸多情感。在一年三百六十五天當中，她尤其喜歡在春天包海苔飯捲，在粒粒飽滿的白飯裡加入一點芝麻油和鹽巴調味，再把煎得金黃漂亮的雞蛋皮切成絲，和小黃瓜、胡蘿蔔、蟹肉、牛蒡、醃漬黃蘿蔔、魚板等多達十四種餡料一起全部包起來，做成「媽媽牌飯捲王」。

只要是母親包海苔飯捲的日子，我的手機就一定會響起。

「女兒，妳在幹嘛？」

「我？還能幹嘛，當然是工作啊。」

然後母親就會像是要存心整我似的，將切好的一顆飯捲塞進嘴裡，邊嚼邊說：

「我今天包了海苔飯捲耶，（故意又吃一顆）今天包的怎麼這麼好吃～」

然後我的反應也一如既往：

「吼唷！我的咧？我也想吃妳包的海苔飯捲！」

母親會發出愉悅的笑聲，彷彿就是在等我做出這種反應一樣，笑著對我說：

「那妳現在過來啊，只要妳來，想吃什麼媽都做給妳。」

據說母親在拋下自己的心頭肉——我們姊弟倆——的那天，以及自此之後，每次只要看見春天背著小書包去郊遊的孩子們，就會因為想起自己的兩個小孩而回家包海苔飯捲，邊包邊想著：「寶貝們現在也在郊遊嗎？有人幫他們包海苔飯捲嗎？會不會沒帶海苔飯捲在挨餓呢？或者帶去郊遊的海苔飯捲太寒酸，沒辦法融入其他小朋友？」母親會盡可能包很多很多，再獨自將那些海苔飯捲吃個精光。

也或許是因為如此，每次從鄉下老家準備重返首爾的時候，母親都會一大早就起床包海苔飯捲，無一例外，彷彿要將過去未能幫孩子們包到海苔飯捲的遺憾統統彌補回來似的。母親會放入比平常更多的材料，把海苔飯捲包得胖鼓鼓，像是隨時都會爆開。每每返回首爾的路上，只要吃著母親親手包的海苔飯捲，心裡就會暖呼呼的，感受到母親的疼愛，也超級美味。從海苔飯捲中，可以吃到她對孩子的思念，因此，我很喜歡把那胖嘟嘟的飯捲塞滿整嘴，享受一口口慢慢咀嚼的過程。

母親煮的飯對我來說永遠是一種思念；美味的思念，苦澀的思念，酸澀的思念，愛的思念，痛的思念，閃耀的思念，想見面的思念，感傷的思念，寂寞的思念，孤獨的思念，孤單的思念，幸福的思念。

/

致母親：

媽，雖然這很可能是遲來的表白，但我還是想對妳說，很抱歉過去那些日子沒能用盡全力去愛妳。

妳總是帶著對我和弟弟的思念，在自己的內心傷口都尚未癒合、甚至已經殘破不堪的狀態下努力苦撐。很抱歉沒能儘早意識到這一點，也沒能多給妳一些關心和關注。

假如我能有多一些時間深入觀察妳的人生……

假如我能夠多愛妳的人生一些……

妳會怎麼樣呢？

我很感謝妳。光是有妳在，就足以使我的人生如此富足；光是有個人可以讓我叫「媽」，就足以使我成為充滿自信與自尊的人，而且從始至終，妳都沒有放棄我、遺棄我、遺忘我，所以謝謝妳。

如同妳為我們撐過、熬過那些歲月一樣，從今以後，我也會慢慢地、一點一點地安慰妳，就像妳過去為我所做的那樣。

這句話原本應該要對妳說十次以上才對：

我的媽媽，我唯一的母親，

真的很慶幸妳是我媽。

愛妳喔！

媽媽這朵花，開得嬌豔芬芳

共感能為所有人帶來安慰，也能把癢處搔得舒爽，使自己成為他人、他人也成為自己，是我被你、你被我同化的一種心靈分享，或者說是閱讀對方內心的行為。而關於共感的關鍵字，其實很多時候是始於輕鬆閒聊的對談，而非來自某種邏輯整理而成的型態。

母親非常喜歡聊天，比起聆聽，她更傾向於訴說。她喜歡講話，喜歡和別人分享自己的事情，建立情感上的交流。每次只要看到她和別人聊天，就會發現她的表情十分幸福。平時我和母親通電話，短則二三十分鐘，長則一小時，但都不是一來一往的對談，比較像單方面聽她訴說。

在我的性格特質裡，容易與人拉近距離這點便是遺傳到母親。她是個可以馬上和陌生人變熟的人，有著某種特殊力量，能帶領比較被動的人。對方愈想要後退，母親就愈會向前一步。母親與人拉近距離的方法，最終也是來自於閒聊。

當初得知母親動了腰部手術的時候，我立刻買了火車票，奔往母親入住的醫院。當我走進病房，就看見四人病房內有母親和另一名同樣動完腰部手術的阿姨在場，兩個人相談甚歡。其實到這裡還沒讓我感到特別驚訝，真正驚訝的是，原來母親是在那天早上才剛換到這間病房。我的天，也才不到半天的時間，母親竟已稱呼那位阿姨為「大姊」。

「大姊，她就是我女兒。我不是說我女兒是編劇嗎？」

我露出禮貌性的微笑，向這位阿姨打招呼問好。阿姨像是認識我已久似的，熱情歡迎（母親究竟說了我多少事情……）問候完之後，我便開始確認母親的身體狀態，為她準備各式各樣的物品。這時，母親又開始與這位大姊聊個不停，以剛動完手術的人來說，看起來實在非常健康。母親的話題從果園農場開始，一路聊到女兒是編劇、日常生活、先生……一個接著一個。看著母親對病房室友滔滔不絕，不知為何有些不捨，也有點使人發笑。

說不定過去想要對女兒說的無數話題、獨自埋藏於心的那些話題，都存在於這間病房裡。我也藉此機會看見了自己是多麼讓母親深感孤單。每當我身陷在水深火熱的忙碌日常中，接到母親打來的電話，往往會是這種狀態：「媽，我現在在忙（心不在焉）嗯嗯……喔喔……知道了，好。我等等再回撥給妳。」便草草掛上電話。

比較有空時，如果母親打來，想把累積已久的話題一次說個夠，我仍舊會敷衍應付：「唉呀，知道了啦~知道了，好。」

當母親擔心遠在不同城市的女兒，對女兒耳提面命、叨念不休時，我也一樣說著：「媽，夠了。不要老是重複那些已經說過的話，一直說一直說，我的耳朵都要長繭了。」

我以為我知道、自以為知道她要說什麼，知道她現在是什麼心情；她說的話就只是嘮叨，她的叨念就只是擔憂，是唉聲嘆氣。

曾經，母親有過一件令她深感難過的事情，儘管我不停追問她到底發生什麼事，她卻始終避而不談。我告訴她：「我是妳女兒，妳不對女兒說還能對誰說？不管什麼事我都願意聽，妳大可放心地說出來。」但母親仍無動於衷，最後有意無意地說了一句：

「反正妳都不聽我說話，算了啦。」

當下真的是自動出現「呃……」的回應。我也因為這句話而感到受傷，所以跟她說，她不想說就算了，這件事情也就此告一段落。就這樣過了約莫三十分鐘左右，住在樓上的鄰居阿姨——母親的摯友——回來了。母親見到她簡直如魚得水，明明勸了她老半天、叫她放心說出來也不肯說的事情，竟自己主動打開話匣子，對著阿姨全說了出來。我看著母親說得口沫橫飛的樣子，驚訝到張大嘴巴，心想著前三十分鐘她到底是怎麼忍住的。看著那樣的母親，我已經不只是感到受傷，甚至還有些討厭；但其實是因為母親說的話實在令我無從反駁、千真萬確，所以更使我氣憤難平。

面對母親和一名素未謀面的阿姨相談甚歡的樣子，我感到抱歉、難過、不捨，內心彷彿不斷被針扎著。

那天，我和母親緊牽著手——都不曉得多久沒牽過她的手了，世上怎麼會有像我這樣不用心又高傲的女兒？原以為至少在母親面前，我還是個不錯的女兒，原來那只是我自己的錯覺，也是傲慢。我其實是個連母親的心都安慰不了的、冷漠無情的女兒，或許母親為了擁抱這樣的我而吃了不少苦頭。

母親只要開口說話就會有花朵綻放，在眼睛裡、嘴唇上，還有說話時上下起伏的臉頰上。心臟也是。

我想要守護她的健談，就像填滿春天的繁花一樣。

我們活著的樣子，我們相愛的樣子

女兒，有約嗎？媽打算明天北上一趟。

五、六月包裝完一輪水蜜桃與葡萄後，母親傳來了這樣的簡訊。像這種時候，我就算真的有約也都要改期才行，總不能拒絕好不容易忙完農活、難得北上休息的母親。整天把忙碌掛在嘴邊的我，要是連這種時候都不肯跟母親見個面，還有什麼時候能見？

數月未見的母親面容變得更加黝黑，從眼睛和臉龐的腫脹來看，一定是過度疲勞。我看著如此憔悴的母親，鼻頭一酸，心也揪了起來。

不曉得母親有無察覺到我的心疼與不捨，她看起來心情很好，活像忙完所有事、無事一身輕地跑來度假的人。

聽聞母親北上的消息，住在老人院的外婆也火速抵達我家。她仔細端詳著好久不見的母親，這裡瞧瞧、那裡瞧瞧，看得超級仔細。就在那時，母親像是等待已久似的，對著外婆伸直右手臂，說：

「媽，妳看我這裡，手臂上好像又長了個東西。」

面對母親像個孩子一樣討抱，外婆滿臉驚訝地查看母親的手臂，來回撫摸確認，用充滿擔心的嗓音回應：

「哎唷，妳的手臂又怎麼啦？怎麼連手臂也……」

母親的手肘內側長了一個類似水囊腫的東西，摸起來軟軟鼓鼓。

「媽，我可能也老了，老是長這些怪東西。可是摸了也不會痛喔，很奇怪吧？」

外婆看了看像在發牢騷又像在撒嬌的女兒，再看看女兒手臂上的那顆水囊腫，滿臉擔心。然而，母親在擔憂的外婆身旁，卻又嘰嘰喳喳說個不停，分享著各種細瑣小事。

我看著她們母女倆，忍不住噗哧一笑。像這種時候就能感覺到，母親其實也是不折不扣的寶貝女兒。

母親生病、難過時，最先找的人往往就是她的母親。外婆看著母親的眼神中蘊藏諸多情感，包括對於女兒和自己一起漸漸老去感到心疼不捨，也對於女兒滔滔不絕說個沒完感到很是可愛。

就這樣過了一段時間，外婆趁母親暫時出去抽根菸，向我說道：

「妳媽啊，真的是個惹人心疼的可憐人，一輩子都在吃苦。我這老骨頭還能奢求什麼？只求妳媽至少從今以後能過個如花盛開的人生。」

外婆說的話藏了許多心情——對即將耳順的女兒的疼愛之心，以及自己要是哪天上了西天，獨自留在人間的女兒還能找誰訴說這些心底話的不捨之心。

我不經意地望向母親走出去的玄關大門。原來光是母親在世，就已是莫大的安慰，能成為在這世上盡情揮毫的力量。這樣的事實刺痛了我的內心。原來能使我做自己的力量，一直都是源自有母親在世的事實。

猶記某個與母親爭吵的日子，我理直氣壯地頂撞她，結果她突然脫口而出一句話：

「喂，妳老是這樣對我，我也要去找我媽告狀喔！只有妳有媽媽嗎，我也有媽媽好嗎？就是妳外婆！」

我記得當下聽聞母親這麼一說，當場愣住了。

抽完菸回來的母親再次坐到外婆身邊，延續前面尚未聊完的話題。

我家住著三代母女：性情溫和的外婆，重情重義又淚腺發達的女兒，這名女兒底下還有一個會說真話、希望自己能像外婆和母親的女兒。

我們就是這樣一同生活，相親相愛。

母親生病、難過時，

最先找的人往往就是她的母親。

外婆看著母親的眼神中蘊藏諸多情感，

包括對於女兒和自己一起漸漸老去

感到心疼不捨，

也對於女兒滔滔不絕說個沒完

感到很是可愛。

唯有女兒能做的事

對於母親來說，身為電視編劇的女兒根本就是生活智慧王。

「寶貝女兒，為什麼怎麼按都聽不到音樂？」

「女兒，我這次要和朋友們一起去旅行，該去哪裡好呢？」

「女兒，這個聊天軟體壞了，是不是哪裡設定錯誤啊？」

「女兒，我的電腦印表機……」

「寶貝，忙嗎？這個電視……」

我的天，家裡只要出什麼問題，媽就一定先找我。每當這種時候，我總是回答：

「媽，妳的女兒是編劇喔～」

彷彿編劇是一把萬能瑞士刀一樣，母親每次只要遇到問題，就會直接打電話給我。然後每當我接到這種電話，都會為她下合適的處方箋。

我會變成這樣，其實是因為一件令人哭笑不得的事件。當時父母才剛從慶尚南道河東郡搬到現在所住的尚州沒幾個月，母親語帶哽咽地打電話給我。由於正值農忙期，光靠夫妻兩人採收那一大片的果園實在太困難，所以向事務所提出了人力申請，但聽說至少要等一年。問題是比我們家更晚申請人力的其他果園都早已補滿人手，擺明就是在欺負我父母是新遷入的住戶。都說最近鄉下生活反而更辛苦，沒想到果真如此。

聽母親解釋完事情的來龍去脈以後，雖然一股替她打抱不平的情感湧上心頭，但畢竟不能兩個人都很激動，我只好做幾次深呼吸，然後向母親要了事務所負責人的姓名與電話，直接打過去。我先向負責人問好，接著表明自己是這次新住戶的女兒，並詢問對方是不是真的沒有任何多餘的人力可以加派支援。事務所負責人見我說話態度客氣，竟擺出一副頤指氣使的樣子回答：

「嗯，這的確滿麻煩的。現在真的沒人力，完全沒有。」

我聽聞「真的沒人力」這句話時，終於忍不住笑了出來。

「可是我聽說您今天才剛派人力到我們隔壁的鄰居家裡，而他們家比我們晚三天才提出人力需求申請欸。」

負責人似乎有點心虛，開始提出一連串漏洞百出的藉口來胡亂搪塞，說什麼鄰居家是從去年開始就預約了，但因為不慎遺漏，所以這次只是形式上的重新補件申請；還說我們家搬到那裡之後應該要馬上申請人力才對，怎麼會拖到這麼晚才申請。面對負責人一副高高在上的態度，我愈聽愈生氣，但是假如我選擇與他爭論，事情一定只會愈演愈烈，對父母來說不會有任何幫助。我思考了好一會兒，決定提出一項提議，並向負責人表明我是電視編劇。（當時我正好在和電視節目及其他公共機構合作，有幾次是以打工之名進行一些農村相關計畫，所以日後可能也會有事相求，希望能互助合作、相輔相成。）然而，就在那時，負責人的態度竟出現了一百八十度大轉彎，彷彿自己犯了什麼滔天大罪似的，突然對我畢恭畢敬，十分客氣：「哇~原來您是電視編劇？」然後表示應該是中間流程出差錯，會馬上幫我尋找有無多餘人力可以派遣支援，還向我再三確認地址及父親的姓名。雖然突然轉變態度的負責人看上去有些可疑，但至少結論是會幫忙找到人手，於是我滿意地掛上了電話。

隔天，我接到母親打來的電話。

「女兒，妳到底是施了什麼魔法？」

魔法？這又是在說什麼？正當我滿頭問號的時候，母親開心地說：

「妳昨天到底是給那個負責人灌了什麼迷湯？為什麼本來說要等一年的人，竟然才隔一天就突然可以派四名幫手過來？」

喔，原來是在說這個。其實我也沒做什麼事，就只是表明了自己的身分而已。因為負責人突然態度大轉變，承諾會立刻加派人手，我連運用策略的機會都沒有。（其實這種情形只有當時那一次而已，是第一次也是最後一次，我也只是出於要幫父母解決人手不足問題而不得不做這樣的選擇，盼各位讀者能夠理解。）

爾後，透過母親得知的事實是：原來當時那間事務所正面臨監察，負責人擔心萬一事情沒處理好，有什麼差錯可就不好了，所以才會突然轉變態度。其實我表明自己的身分並非出於威脅，而是希望彼此可以互助合作，共創雙贏，卻沒料到負責人聽完後竟自己嚇自己，連忙向我垂下尾巴，放低身段。

自那時起，我便成為母親的小叮噹，不論任何事情都能幫她解決。這個事件在母親心中留下了深刻印象，認為身為編劇的女兒可以為自己解決所有問題。

外婆曾說過一句話：「父母年輕時是孩子們的圍籬，但隨著年紀愈來愈長，反而愈需要孩子們的保護。」這句話讓我不禁心想，也許對於母親來說，需要女兒的時間會愈來愈多也不一定。

不知從何時起，母親需要把字拿遠才看得清晰，經常用手搓揉那雙模糊不清的眼；農活較多的時候會睡到打鼾；煮的飯偶爾也會偏鹹。或許對於母親來說，當她用模糊不清的雙眼看字時，需要有個能夠在她身邊、為她讀字的女兒；當她睡著打鼾時，需要有個能在夜裡偷偷幫她翻身，並蓋上棉被的女兒；當她不確定煮出來的食物是否已經調味時，需要有個能在一旁幫忙試味道的女兒——尤其在這些母親需要的時候，能使她內心豐盈的那種女兒。

我希望自己是那種女兒。

成熟以後，才看得見的東西

我二十多歲的時候，最常聽母親或外婆說的一句話便是：「唉，這丫頭什麼時候才能成熟？」然而，當時的我自認已經很成熟，究竟要到什麼程度才能夠聽到她們誇讚「妳變成熟了」，不得而知。總之，看在當時的母親和外婆眼裡，我應該就是個還不夠懂事成熟的女兒。後來有一天，我忍不住情緒激動地問：

「到底要怎樣才算成熟？為什麼每次只要看到我，就要評論我成不成熟？那該死的成熟！到底要有怎樣的表現，才符合妳們的標準？」

然後每當我出現這種反應時，總會得到這樣的回覆：

「妳以為只要年齡上的數字增加就自然變成大人喔？成熟表示妳已經長成大人，長成大人表示妳已經會善解人意了。」

最終，她們要表達的是，年齡並非決定一個人是否已成為大人或成熟的標準。其實立意良善，可是為什麼我聽完這句話以後反而心情更差？後來我仔細想想，答案很簡單：她們的意思是，我只有年齡增長，卻還不是個成熟懂事的大人，也不善解人意。我氣憤難平，愈想愈氣，難道對於母親來說，我真的是這樣的女兒？

「所以妳的意思是，我就是個自私自利、不成熟的人，一點也不善解人意嘍？可是我只有對妳這樣耶，在外面怎麼可能對別人這樣？」

也不曉得我說的話有多可笑，母親竟然用鼻子哼了一聲，繼續說：「女兒啊，妳這從我肚子裡蹦出來一點都沒熟成的小丫頭，我只能語重心長地跟妳說，裡面會漏水的水瓢，外面也一樣會漏水喔。」

當時為了「成熟」問題與母親爭論不休，等事隔幾年邁入三十歲、再跨過三十五歲之際，我才開始漸漸明白她們的意思。當有人說話帶刺的時候，我會暗自心想「為什麼那個人每次遇到問題就會如此難搞又反應過度」，進而好奇他的人生故事；遇到性格較為獨特的人，也會產生想要再進一步探究了解的心態。要是以前的我，面對這種人不是選擇斷絕往來，就是完全不想融入；然而，現在的我逐漸懂得如何和他們共存，也約莫是在這個年紀，我開始慢慢注意到母親的一些細微變化。

印象中是在鵝黃色蒲公英從地底下探出頭的時期，那天，母親蹲坐在自家後方的小田園裡，整個人貼近冒著熱氣的地面，認真地挖掘、種植東西。我靜靜看著她，心想那兩條蜷縮而坐的腿一定吃了不少苦頭。

母親在年少無知的時期當了媽媽。她並沒有夢想成家，也沒有特別計畫或者準備好當母親，真的就是自然而然變成了這樣。隨著歲月流逝生了兩個孩子，自動晉升人母行列，然後等到年幼的孩子們開始牙牙學語、走路、長高，她才突然心生畏懼。

她開始擔心，不曉得要怎麼做才能成為一個好媽媽，也會因為不知道要如何讓孩子有良好的成長而感到焦慮。為了讓孩子們可以生長在健全的雙親家庭，整日以淚洗面，最後因為沒能守住家庭而不得不把兩個孩子從懷裡暫時送出去時，日夜忍受心如刀割。然後另組家庭時，又要為了新家庭的和諧而勞心勞力。

那些為了成為母親而度過的時間——屬於母親的時間，以及種種為孩子們著想的心意，深深翻攪著我的內心。母親究竟是如何熬過那段時間的呢？而且還是獨自一人。

宛如瓷器碎片般剝離四散的、那些屬於母親的日子，不知為何在那天尤其鮮明。可能也是因為如此，當我一想到母親獨自站在那些痛苦煎熬的歲月裡，便深感不捨，看著過去必須獨自嚥下那些傷痛的母親很是心疼。對於她好不容易費盡千辛萬苦撐了過來、現在待在我身邊，也感到安心不少。

都說人成熟以後就會變得善解人意，難道母親當時說的就是這個意思？那瞬間，我想起了因為被說不成熟而氣急敗壞對母親發火、「不成熟」的自己，忍不住放聲大笑，母親則因為我的笑聲而回頭察看，用充滿驚訝、彷彿見到什麼怪事的眼神望向我。

現在，我只想用世上最溫暖的心，好好擁抱這樣的她，我的母親。

直到世界末日為止，我都是媽媽的女兒

有時，留心去看年幼的姪女會感到很是神奇。因為就算沒有人特別教，她總能夠維妙維肖地模仿弟弟和弟媳的某些舉動，而我那女兒傻瓜弟弟也很喜歡問她：

「妳是誰的女兒？」

然後姪女會用稚嫩的嗓音回答：

「是把鼻的女兒！媽咪的女兒！」

看著她如此童真的模樣，讓我想起了小時候經常聽到的一句話。在我年僅五六歲的時候，最令我悲從中來的一句話是：「海珠，妳是從橋下撿回來的喔。」

猶記小時候我會因為這句話而不停哭喊，反駁說自己才不是從橋下撿回來的，是從媽媽的肚子裡出來的。當時的外婆可能看小孫女有這種反應實在很有趣，所以時常對我開這個玩笑，而我每次都會淚眼汪汪地向母親再三確認：

「媽媽，不是這樣的吼？海珠是媽媽的女兒，對吧？」

我記得當時自己一直堅持：「海珠是媽媽的女兒，我是媽媽的女兒！」就算下一秒鐘死掉也不會改變我堅定的立場。母親則覺得女兒這樣的反應實在可愛，一邊安撫哄抱，一邊對外婆使眼色，示意她別再鬧了。當時在我眼裡，母親是世界上最美麗也最像天使的人，但隨著年紀漸長，我發現只要有人說我像她，我就會做出類似撇清或否定的反應。

「我像媽媽？怪了，還真是頭一次聽說，真的像嗎？」

彷彿在極力表達自己絕對不可能像媽媽一樣。

某天，我甚至還捫心自問：

「難道是我打從心底對於像媽媽這件事感到丟臉嗎？」

後來發現，其實並非因為覺得丟臉，而是不知從哪一刻起，我暗自下定決心「絕對不要活成媽媽那個樣子」，所以對於像媽媽這樣的說法感到排斥抗拒。因為母親漸漸變得情緒化，愈來愈口無遮攔，愈來愈不是我理想中的樣子。自此之後，總是散發天使光芒、美麗動人的母親已從我心目中消失無蹤，取而代之的是「絕對不要像母親那樣生活」的堅定決心，因此才會不斷努力，朝不要像她的方向邁進，以她為人生的反指標。

然而，即便為了不像母親而做了各種努力，最終仍不得不承認我就是母親的女兒，而且是絕對無法否認的。

我曾有過慘遭好友背叛的經驗。每當那位好友表示要來找我訴苦時，我都站在她那邊，全力相挺，然而到後來，我發現這位好友一直在利用我。某天，她犯了一個大失誤，不僅沒向我道歉，甚至說出：

「我們不是好姊妹嗎？我以為這種小事妳不會和我計較呢。」

這著實是令人傻眼又無語的一句話。於是我反問她：

「原來妳是這樣對待妳的好姊妹啊？」

自那天起，我便決心不再與這位朋友往來。然後我想起了母親；她對別人精神上、物質上的全力支持，最後卻慘遭背叛的經驗何止一兩次。我突然感到內心有如撕裂般隱隱作痛，接著浮現一個念頭：

「原來不管我多麼努力，自以為比母親厲害，也依然是她的女兒。」

那天，我打了通電話給母親，講述自己遭遇好友背叛的事情，她聽完立刻表示，不要再跟這種人往來了，但最後還是補了一句，叫我不要討厭對方。聽聞母親這麼一說，我不禁笑了出來，因為要去討厭某個人，是她和我最難做到的事情。其實我的確對那位好友感到生氣，但也不至於厭惡或憎恨她。因為愈討厭一個人，我的內心世界也會愈像地獄。

那天，我和母親閒聊許久，心情放鬆很多。掛上電話的時候，我的心裡自動浮現這麼一段話：

我的體內有著世上最善良的母親的基因，我對此總是心懷感謝。

在我有生之年，都會是母親的女兒。

海珠是李熙婷女士的女兒！

因為母親漸漸變得情緒化，

愈來愈口無遮攔，

愈來愈不是我理想中的樣子。

自此之後，總是散發天使光芒、

美麗動人的母親已從我心目中消失無蹤，

取而代之的是

「絕對不要像母親那樣生活」的堅定決心。

結語

女兒想要對母親說的話

隨著本書即將邁入尾聲，有些話我想要先對母親說：

「媽，謝謝妳！」

在母親的一生當中，充滿陰影的日子比陽光明媚的日子多，上坡也比平地多，荊棘路也比花路多。在過去的歲月裡，有時會覺得孩子在身邊很有負擔，有時也會因為想要放下一切、停止往前而痛苦哀號，而且光是行走在暴風雨中就已經狼狽不堪，每個路口竟還設有重重路障，想必一定也對人生感到無望渺茫，只想舉手投降。

至今為止，母親的人生多半都是這種日子，然而不管面對任何困境與試煉，似乎都有一道永恆不滅的善良光芒在她內心深處。每當面臨苦難與折磨，對自己的處境深感挫折、厭倦之時，她就會哼唱這句有如魔咒般的歌詞：

「豔陽東昇的日子終究會來臨～」

她用這句歌詞反覆提醒自己，並對我說：

「女兒，就算在老鼠洞裡也會有繁星高掛的日子，妳說是不是？我們一定也會時來運轉的，對吧？人生怎麼可能每天都是狂風暴雨呢？就是因為也有豔陽東昇的日子，所以大家才有辦法撐到今天。我們再多努力一點，多忍耐一下，因為雨後天空才是最晴朗的，一起加油！」

明明母親更需要被人安慰，她卻有個習慣：需要安慰時反而會更用力地去安慰別人——有趣的是，這種特質似乎會轉移，我也經常會有這樣的行為。

然而，母親說的這句話其實蘊藏著驚人的力量。神奇的是，聽完這句話以後，內心就會被一股溫暖的氣流環繞，彷彿豔陽高照、一片晴朗的畫面在眼前展開。於是便能忘掉憂愁，相信美好的一天終將到來，心情也跟著撥雲見日。每當這種時候，母親在我眼中就像一名魔術師，竟能如此熟悉一次擊退所有負面念頭的方法。

有別於母親，我是直到最近才逐漸發覺安慰母親的方法，包括當她對我有所期待時，委婉拒絕她的方法；還有當她表現出渴望被人了解時，默默牽起她的手的方法；以及當她想要對女兒鬧脾氣時，帶她出去走走便能舒緩心情這件事。

雖然我們依然衝突不減，會用言語傷害對方，依舊會犯錯，使對方心裡難受，但我深信我們母女倆會攜手共度這些時間，漸漸結出成熟的果實。

我希望這樣的日子會愈來愈多，也等待有朝一日，我和母親可以笑容燦爛地站在人生的某個路口，手牽手，一起回首屬於我們的過往。

致，有如寶石般閃耀光芒的母親

雖然妳的人生崎嶇坎坷，有凹陷破碎的部分，也有被徹底踐踏的傷痕，但是假如沒有妳的人生，我可能也看不到這世界的光。

讓我能夠看見這世界的妳，對我來說一直是奇蹟。

光是我的母親存在於這世界上，對我來說就是有如祝福的奇蹟。因為有妳，我才能以自己，以女人、女兒的身分生活；因為有妳，我的人生才變得更加豐富多彩、美麗動人，這些都屬於奇蹟。

遲早有一天，我也會踏上母親這條路吧！到時候我有辦法像妳一樣，疼愛包容我的小孩嗎？有辦法把我的人生全押進去嗎？

我想，我可能做不到。到時候一定會有嘆氣失望、傷心難過的日子，但我相信，到了那時又會想起過去從妳那裡得到的愛與奉獻，然後馬上重拾笑容，跟妳當年一樣大聲哼唱：「豔陽東昇的日子終究會來臨～」

媽，我的母親。

當妳笑開懷時，我好喜歡看著妳的笑顏。

那是比花朵嬌豔的笑容，也是比寶石閃耀的臉龐。我很喜歡目不轉睛地盯著妳看，因為每次看妳笑都覺得好漂亮，真的會發光，所以我會跑去坐在妳身旁，一直和妳坐在一起，感到無比幸福。雖然我有時候會叛逆，說一些讓妳受傷的難聽話，但我還是希望妳知道我很愛妳。

媽，我的母親。

我們在接下來的日子裡也會經歷許多事情，但我並不擔心，因為現在的我，已經知道真心愛妳的方法，也知道如實看待妳的方法。

我很慶幸自己能夠得到這種禮物般的祝福，很感謝妳。

我期待日後與妳共度的歲月，也好奇我們究竟會多麼深愛彼此，多麼把彼此放在心上。我夢想著那樣的日子，真心希望能創造一天又一天、與妳共處的時光。

我心愛的母親，有如寶石般閃耀的母親。

我真心、全心全意地愛妳。

我對於過去自己未能真心愛妳、給妳很多關愛感到抱歉。

最重要的是，謝謝妳當我的母親。

致，有如寶石般閃耀光芒的母親

國家圖書館出版品預行編目資料

希望媽媽也能好好愛自己：一封所有女兒，都想獻給媽媽的情書 / 張海珠著；尹嘉玄譯 . -- 臺北市：三采文化股份有限公司 , 2023.04
面；　公分 . -- (in TIME；10)
譯自：
ISBN 978-626-358-049-7(平裝)

1.CST: 母親 2.CST: 親子關係

544.141　　112002542

suncolor 三采文化集團

in TIME 10

希望媽媽也能好好愛自己

一封所有女兒，都想獻給媽媽的情書

作者｜張海珠 장해주　譯者｜尹嘉玄 윤가현　封面繪製｜詹筱帆
主編｜喬郁珊　責任編輯｜吳佳錡　校對｜黃薇霓
美術主編｜藍秀婷　封面設計｜藍秀婷　內頁版型｜李蕙雲　內頁排版｜顏麟驊
行銷協理｜張育珊　行銷副理｜周傳雅　行銷企劃｜王思婕　版權經理｜孔奕涵

發行人｜張輝明　總編輯長｜曾雅青　發行所｜三采文化股份有限公司
地址｜台北市內湖區瑞光路 513 巷 33 號 8 樓
傳訊｜TEL:8797-1234　FAX:8797-1688　網址｜www.suncolor.com.tw
郵政劃撥｜帳號：14319060　戶名：三采文化股份有限公司
本版發行｜2023 年 4 月 28 日　定價｜NT$450